아직
거기
있었구나

아직 거기 있었구나

초판 1쇄 발행 2024년 12월 20일

지은이 김상
펴낸이 장길수
펴낸곳 지식과감성#
출판등록 제2012-000081호

교정 이주희
디자인 서혜인
편집 서혜인
검수 김나현, 정윤솔
마케팅 김윤길, 정은혜

주소 서울시 금천구 벚꽃로298 대륭포스트타워6차 1212호
전화 070-4651-3730~4
팩스 070-4325-7006
이메일 ksbookup@naver.com
홈페이지 www.knsbookup.com

ISBN 979-11-392-2302-6(03810)
값 16,800원

지식과감성#
홈페이지 바로가기

아직
거기
있었구나

김상 사진시집

지식과감성#

1부

틈과 사이

2부

오래된 풍경

3부
웅덩이에 피는 꽃

4부
응시

1부

틈과 사이

평행

꽃 잎 한 장,
멈추어 있다

매달려 있는 순간과 낙하의 사이에
수평을 유지하는 힘은
하얀 잎맥들의 팽팽한 긴장

침묵으로 응결점을 만든다

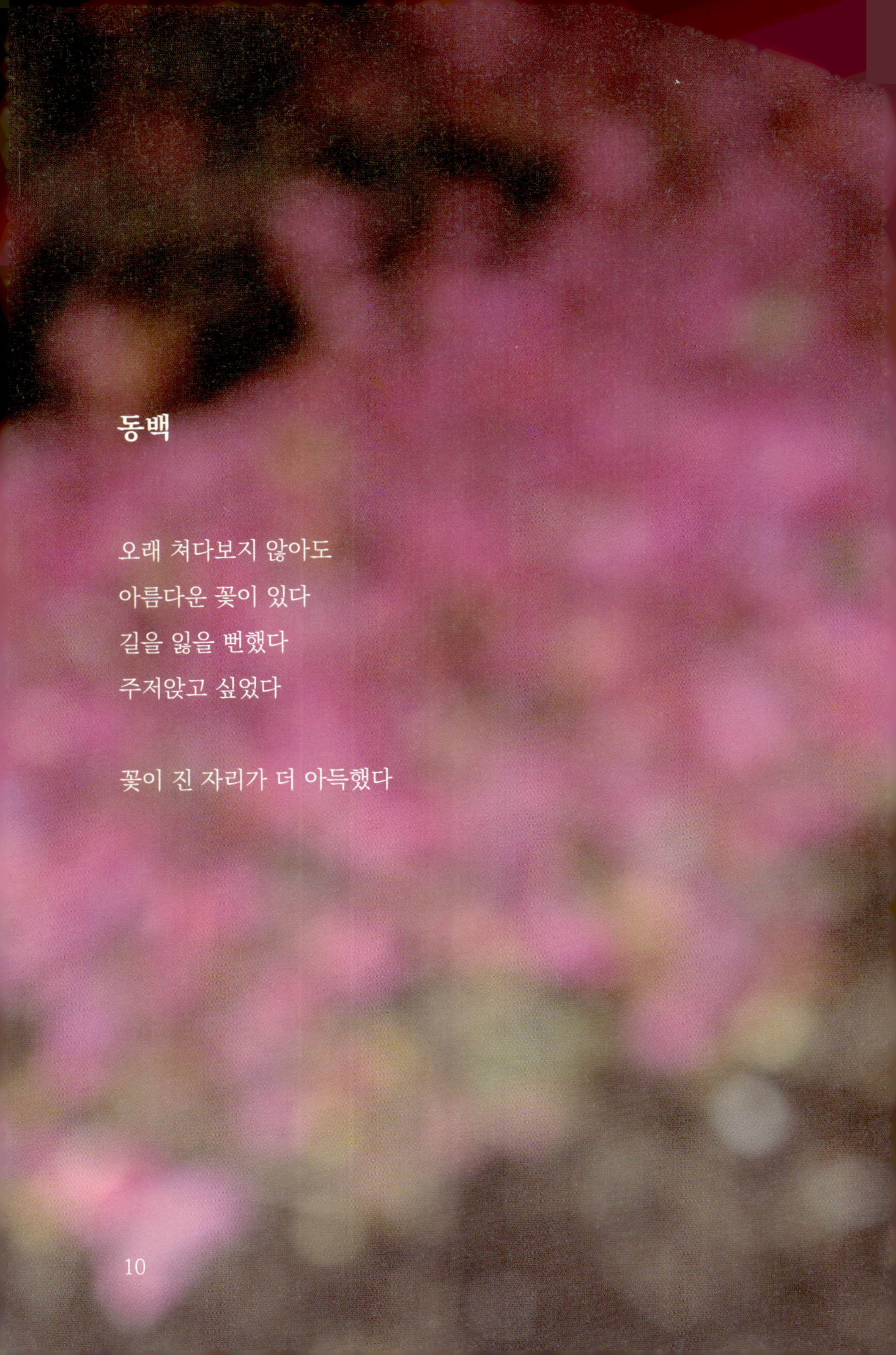

동백

오래 쳐다보지 않아도
아름다운 꽃이 있다
길을 잃을 번했다
주저앉고 싶었다

꽃이 진 자리가 더 아득했다

에스프레소 꼼빠냐

바람이 서늘해진 날에는
에스프레소 꼼빠냐를 마신다
'꼼빠냐'라는 말이
파리의 거리를 생각나게 했다

메뉴판에서 에스프레소를 지운다

100% JUICE

꽃을 사는 여자

어제는 파란색 수국이더니
오늘은 연보라 튤립이 피었다

시들지 않는 꽃병을 가진
그녀에게도 사월이 가고 있다
꽃들은 꽃병 속에서
그녀는 꽃을 바라보며 사월을 견딘다

꽃꽃하게

고개 숙이지 마라
비에 젖은 꽃잎처럼

아무것도 항상
늘 그렇지는 않으니

다시 사랑

너의
두 번째 결혼식
부조만 전하고 왔다

밥 대신
받아 온 답례품이
무겁다

부재중 전화

전화기에 남겨진
부재중 전화
네게서 날아온 신호가 있을까

바람 멈추고
비 그치고
숲은 다시 푸르러졌다

PUBLIC
1957
TELEPHONE
RELEASE
LOCAL CALL
10¢
Remove Handset.
Wait for dial-tone.
Wait for party to answer.
Drop in coin.
LONG DISTANCE
Deposit coins as requested by operator.
St.Bless

틈과 사이

바다는 땅으로 더 다가와야 했다
아직 철들지 않은
돌과 돌 사이의 틈을
모래와 모래 사이로 바꾸려면

그날

다시 봄이 될 때까지
떠나 있었다

천둥과 번개가 치는 날조차
산수유 비친 자태가
눈이 부신 날, 이었다

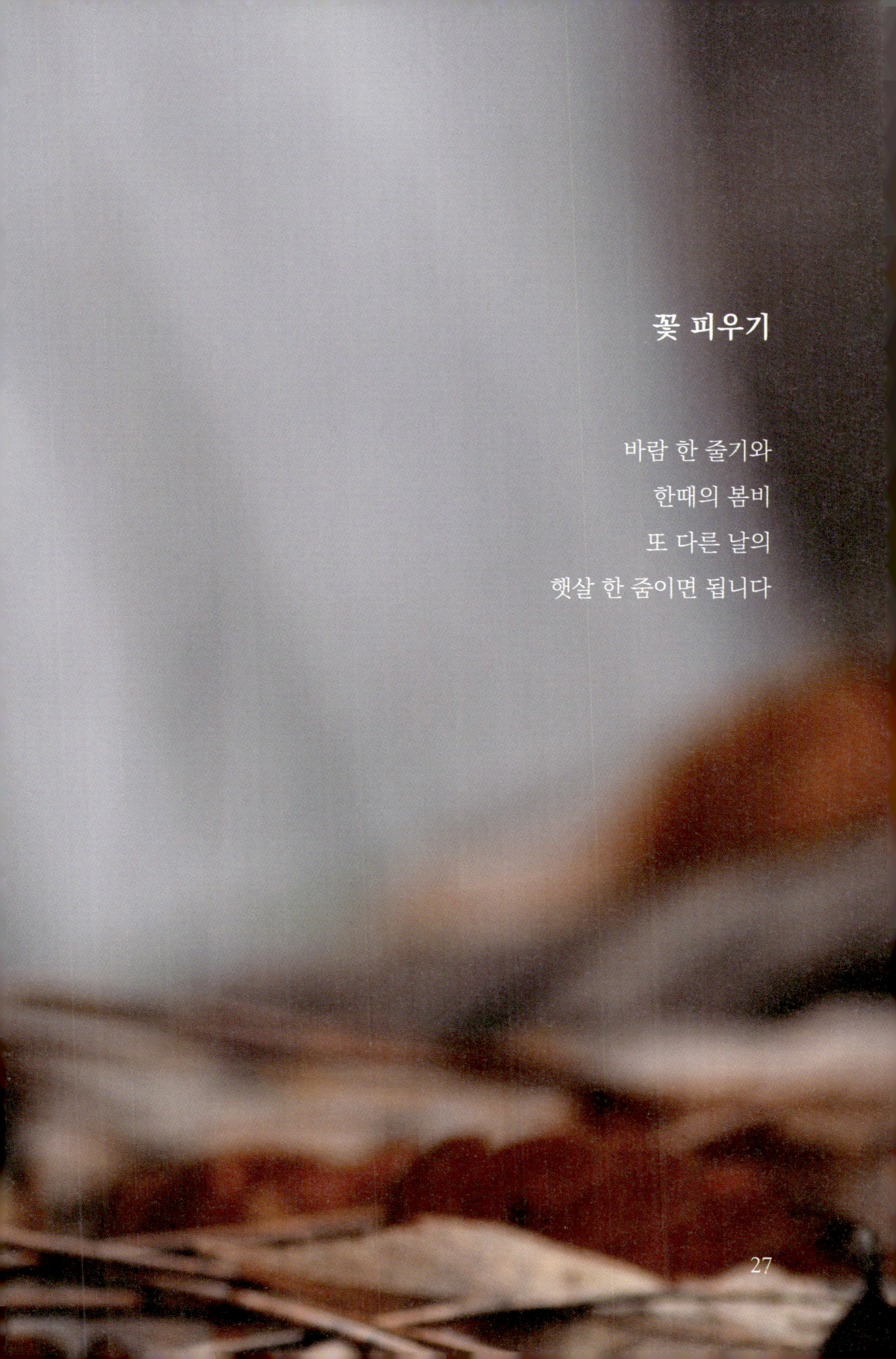

꽃 피우기

바람 한 줄기와
한때의 봄비
또 다른 날의
햇살 한 줌이면 됩니다

상사화

여린 꽃대에
피운 연분홍

꽃 필 때는 잎이 없고
잎 필 때는 꽃이 없어

서로 생각만 한다네

벚꽃 사랑 I

봄비에 눈 감으면
꽃잎 주룩 떨어지고
한 줄기 작은 바람에
풍경은 흔들리는데

짧다 벚꽃은
훌쩍거리더니 가 버렸다

벚꽃 사랑Ⅱ

꽃 떨어진다고
느닷없이 감속하라니

허공에 꽃, 부는 바람
잠시 멈춰 두고

길 끝에서 당신은
어찌 기다리려는지요

백야 I

하루의 끝
떨어져 지내는 것
참기 어려워

밤은 하얗고
낮은 지지 않는다

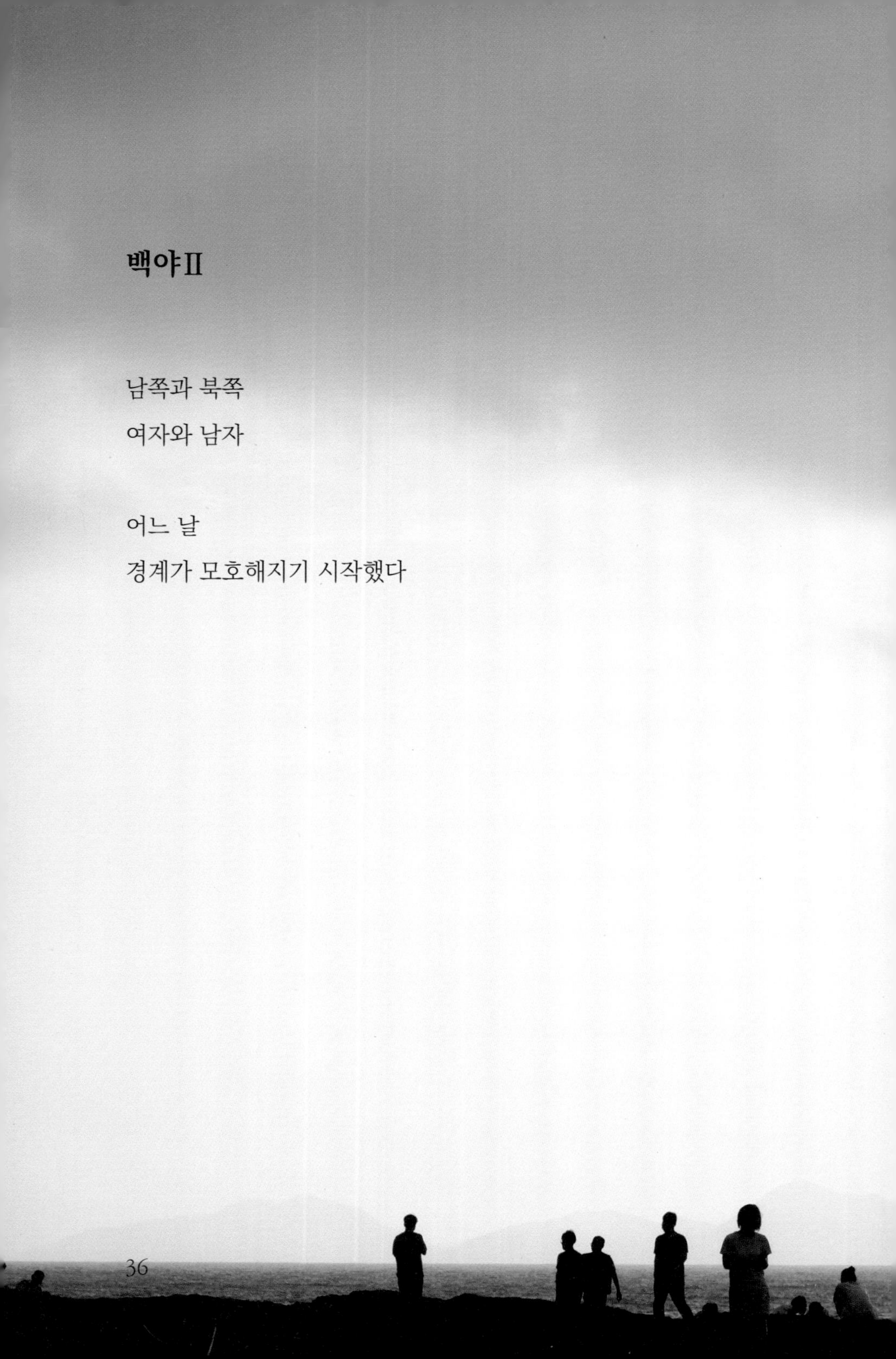

백야Ⅱ

남쪽과 북쪽
여자와 남자

어느 날
경계가 모호해지기 시작했다

하행선

기차가 동대구역에서 고모역으로 간다
플랫폼에 떨어지는 비는 소리가 없다
비에 젖은 침목을 따라 레일이 누웠다

고압선에 새들은 다 어디로 갔을까?

예감

사랑할 때는 언젠가
사랑하지 않게 될 거라는 걸
알지 못하고 사랑하고 만다

오늘 비가 온다니
창가에 서 있고 싶다

거기 그렇게

어디에선가 꽃피우고 있을
너를 생각하는 것은
가슴 벅찬 일

향기로만 있어 줘도 고맙다

환승

내리려는 사람과
타려는 사람
어깨를 스치고
내린 사람이 앉았던 자리에
탄 사람이 앉는다

버스는 떠나고 풍경은 바뀌고

비 오는 날의 습지

긴 장마가 찾아오는 초여름이면
습지가 힘을 낸다

습지에 비가 오는 날은
키 큰 갈대숲 사이 외기러기조차
부산해지는 날이다

우포

수억 년 전부터

해가 뜨고
해가 지고

거기 그대로 있었다

하중도

해가 지기 시작하는 오후 다섯 시
달팽이의 느린 산책도 멈추고

하양, 진분홍, 연보라, 빨강
코스모스꽃들의 색이 보이고
파란 꽃받침,
노란 꽃술이 그제야 눈을 뜬다

하늘 코스모스

가을에는
하늘을 바라보세요

숨 쉴 만큼의 공기에 감사하며
꺾일 듯 가냘픈 줄기 하나로
하늘만 바라보는 코스모스처럼

회색주의자

검기도 하고 하얗기도 한
경계에 선 우리는
사랑이었다
아니었다

가끔 그 사이에 있는 연민이었다

민들레 영토

땅에서 태어났지만
언제나
하늘을 바라본다

가벼워지는 만큼
땅은 넓어지고

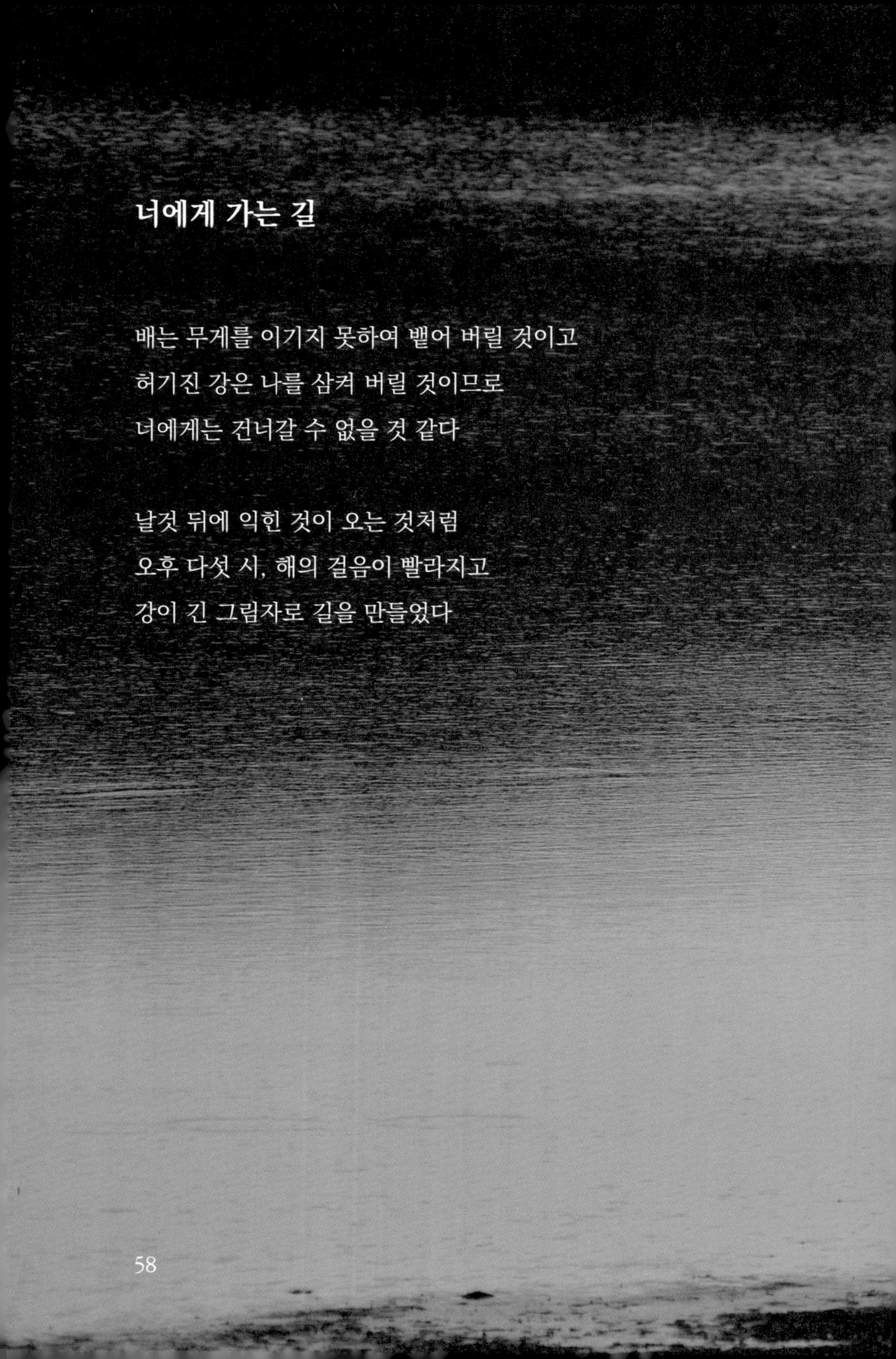

너에게 가는 길

배는 무게를 이기지 못하여 뱉어 버릴 것이고
허기진 강은 나를 삼켜 버릴 것이므로
너에게는 건너갈 수 없을 것 같다

날것 뒤에 익힌 것이 오는 것처럼
오후 다섯 시, 해의 걸음이 빨라지고
강이 긴 그림자로 길을 만들었다

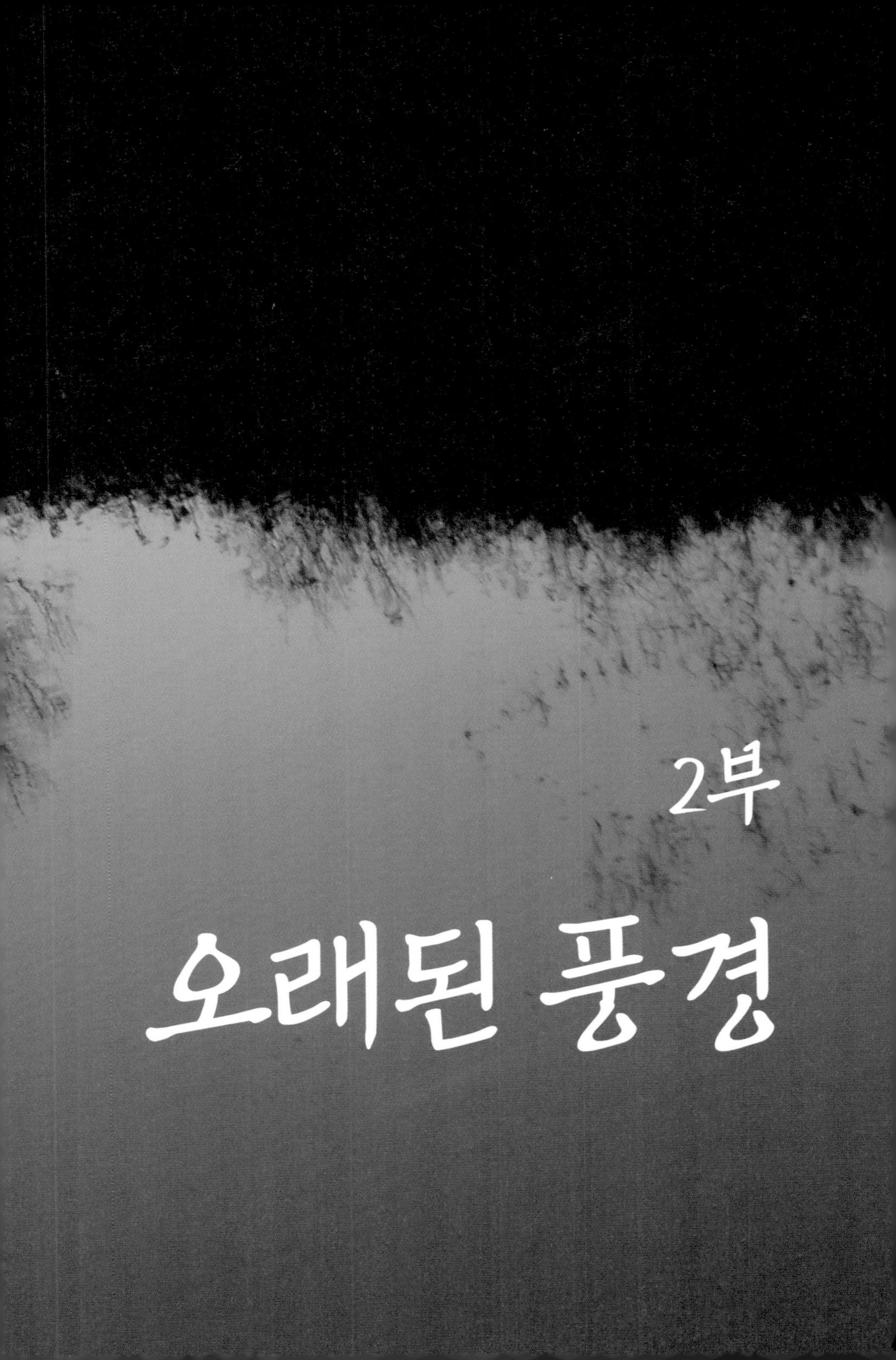

2부

오래된 풍경

오래된 풍경

하루가 다하도록 찾아간 곳에
검은 흙빛의 갯벌
그 사이
길

어둠 오기 전
생각 하나 머물렀다

섬 사이

섬과 섬 사이에
다리가 생기고 나서도
섬은
섬에 닿을 수 없다

서해

해는 다른 날보다 더 일찍 수평선을 넘었고
바람은 더 천천히 오후를 휘휘 감아 불었다
너의 발걸음은 이른 저녁보다 깊었으며
바다는 태고 이래 그 어느 날보다 고요했다

멀리 선 그림자들이 다 집으로 돌아갈 때까지
서쪽 하늘 향해 서 있는 망부석, 눈물이 고였다

여행

눈길마저 닿지 않는 높은 천장
물기를 머금은 나무 기둥과
수많은 사람이 오르내린 계단석

오고 간 사람들의 흔적을 쫓다가
닳아서 모난 곳 없는 모퉁이에 기댔다

어쩌다가

하루 밥 세끼를 먹고
하루 한 번 배설한다

문득 어느 날
모든 것이 의혹뿐이라도

옳은 인생을 산 거야

변사체

사마귀 두 마리의 변사체
복도에 가지런히 누워 있다
치열한 사랑 끝에
수놈을 머리부터 먹어 버린다는
암놈이

차마, 그럴 수 없었나 보다

뒤

앞이 바다로 가면
뒤도 바다로 가고
앞이 산으로 가면
뒤도 산으로 간다

뒤는 한 번도 앞서 본 적이 없었다
그래도 한 번쯤은 앞이 되고 싶다

누운 오후

햇살 파닥거리며 아파트
문 두드리는 오후

굽은 등으로 종잇장을 편다
나뭇잎 한 장 제하고
종이 몇몇 킬로그램,
쌀 한 줌 손에 쥐고 간다

항온동물

숨을 쉴 수가 없어
37.5℃,
여긴 블랙아웃

그늘에 있는 너의 사무실은
따뜻하겠구나

화식조

날개가 퇴화되지 않는 건
이루지 못한 꿈이
얼룩이 되어 남아 있는 것

태양이 둘인 때가 있었어
해가 삼켜지기 전의 일이야

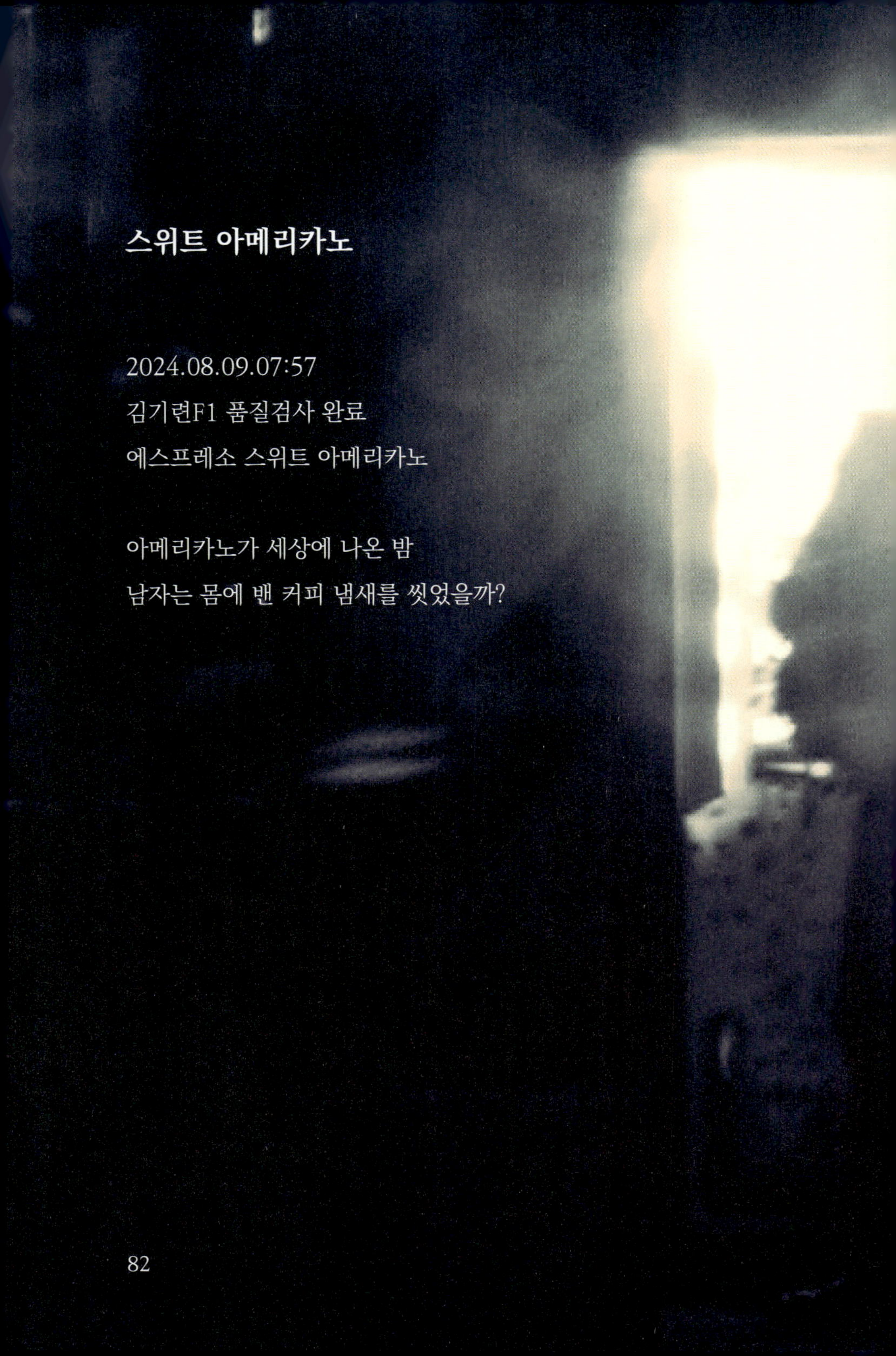

스위트 아메리카노

2024.08.09.07:57
김기련F1 품질검사 완료
에스프레소 스위트 아메리카노

아메리카노가 세상에 나온 밤
남자는 몸에 밴 커피 냄새를 씻었을까?

무정란의 꿈

카피 카피 카피
세상을 지배하는 힘
태어나고 태어나고 또 태어나고

뻐꾸기의 둥지
핏줄도 없는 새, 알을 깬다

나뭇잎 지도

세상의 모든 나뭇잎은
한 장의 여행지도

몸살 나게 그리운 이가 있다면
나뭇잎을 따라가

긴 장마에
해를 그리는 해바라기처럼

생기

죽은 시인의 집에
시가 누워 있다

시가 굶고 있다

마른 뼈들
앙상하게 마른 핏줄들

손님

강 휘어드는 선산 아래
빈집 하나 있다
오래도록 비어
아무도 살지 않는 집

문이 열렸다가 닫혔다가
바람만 드나든다

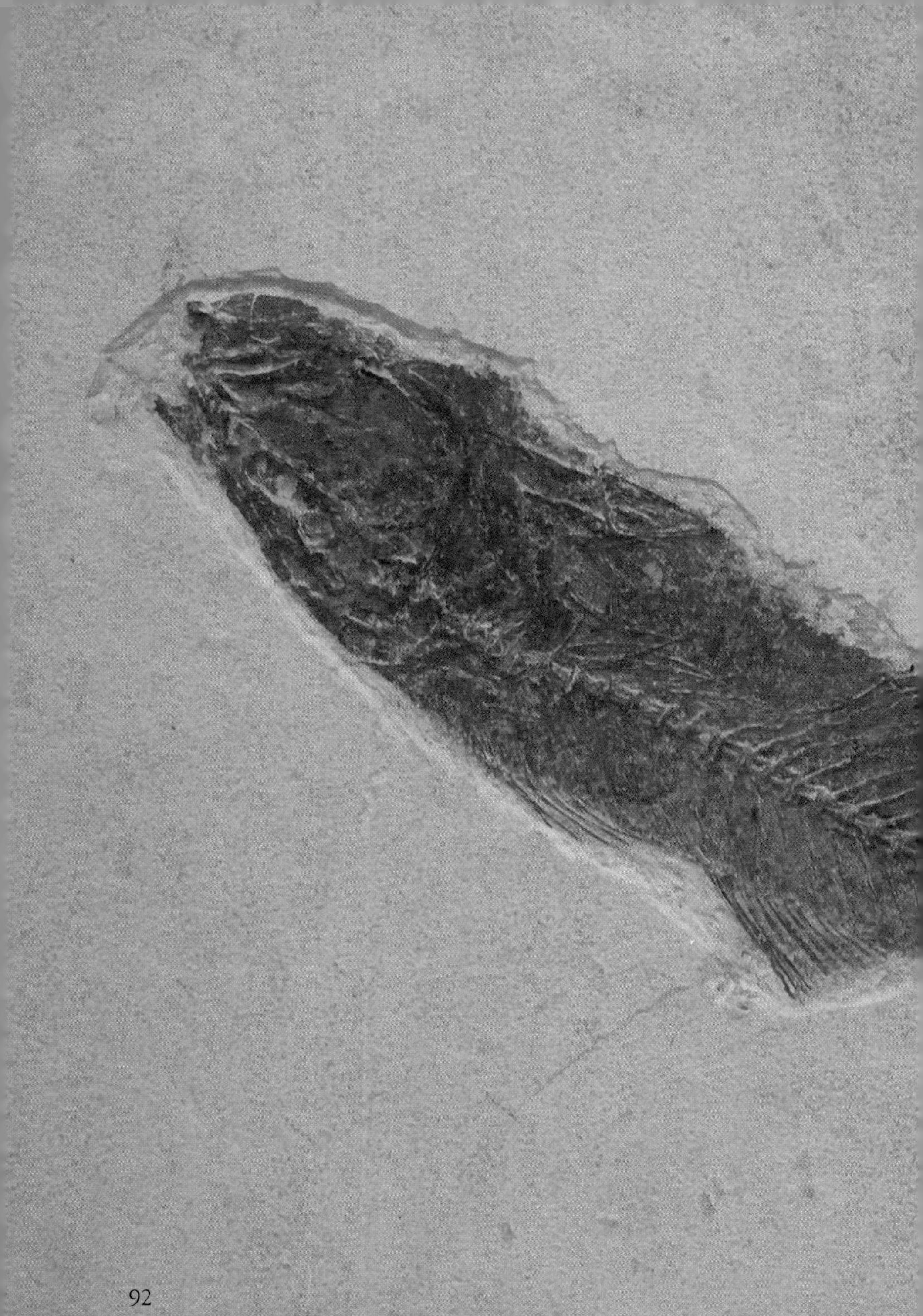

몸의 기억

몸에서 비릿한 물고기 냄새가 난다
옷가지에서 비늘이 떨어진다
좀처럼 지워지지 않는 타투

나는 폭포를 거슬러 올라가는 물고기

오래된 서랍

서랍이 열리지 않는다
무엇이 잡고 있는지

맥없이 쑥 빠져 버린 손잡이를 보며
무엇을 넣어 두었을까 생각한다

마스크

마스크를 아무도 쓰지 않은 때가 있었다
마스크를 한겨울에만 쓰던 때가 있었다
마스크를 탄광에서 채석장에서만 쓰던 때가 있었다

제발 마스크 좀 벗어요
당신의 얼굴이 보고 싶어요

도미노

닿을 듯한 간격들이
서로를 지켜 주고
넘어지면 손을 내밀어
잡아 주길 바랐다

차례차례 넘어지는
아픔까지 함께였다

플랫폼

기차가 떠나고 있다
거리가 멀어지는 만큼 그리움 커지고

살아가면서 누군가를 만난다는 것
하나둘 새로운 이를 알아 간다는 것은
참으로 신비한 일이다

5177
5176

기다리기

희미하기 때문에
갈망하는 것이 있다
어쩌면
사랑도 그렇다

그 마음, 잔잔해지길 바랄 뿐이다

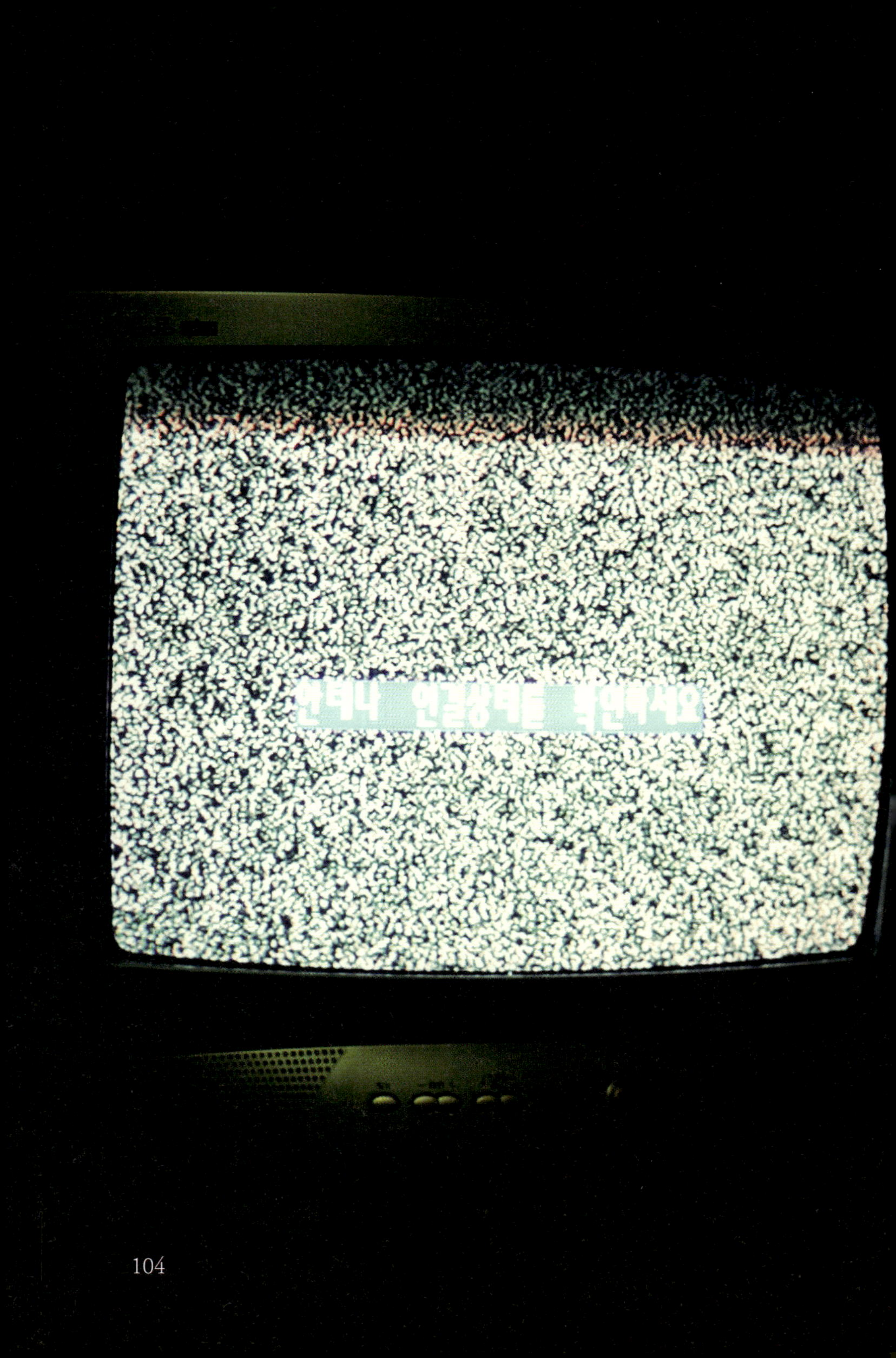
안테나 연결상태를 확인하세요

주파수

너를 찾는 일은 어려운 일이 아니었다
보헤미안의 바다
멜랑콜리한 신호를 따라가면
어슴푸레하게 너의 형상이 보였다

멀리서 들리는 앰뷸런스의
사이렌 소리처럼

반쪽

2006년 9월

오후 7시 44분

f5.6

320분의 1초

반쪽 달이 태어났다

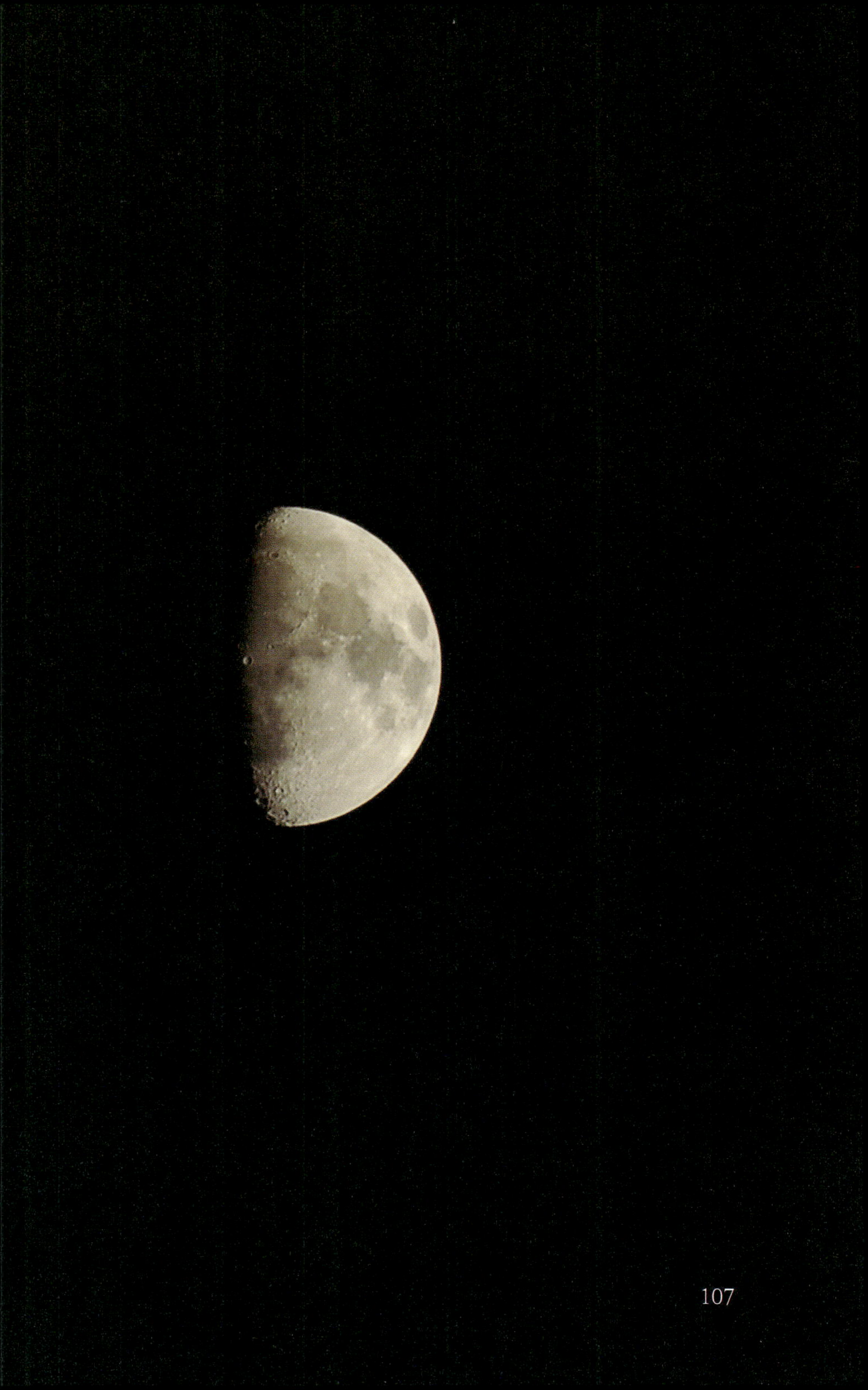

무섬마을

길게 굽이쳐 있는 나무다리 건너
그 어디쯤에서 눈이 내리기 시작하고
마주쳐 오는 사람 피할 길 없다
돌아서 그를 두고, 나를 두고 온다

무릎 꿇기

눈길에 넘어져 무릎을 다쳤다
정형외과에서
다친 무릎을 말리고 왔다

절대 무릎 꿇지 마세요
의사의 당부에
삶이 부끄러워졌다

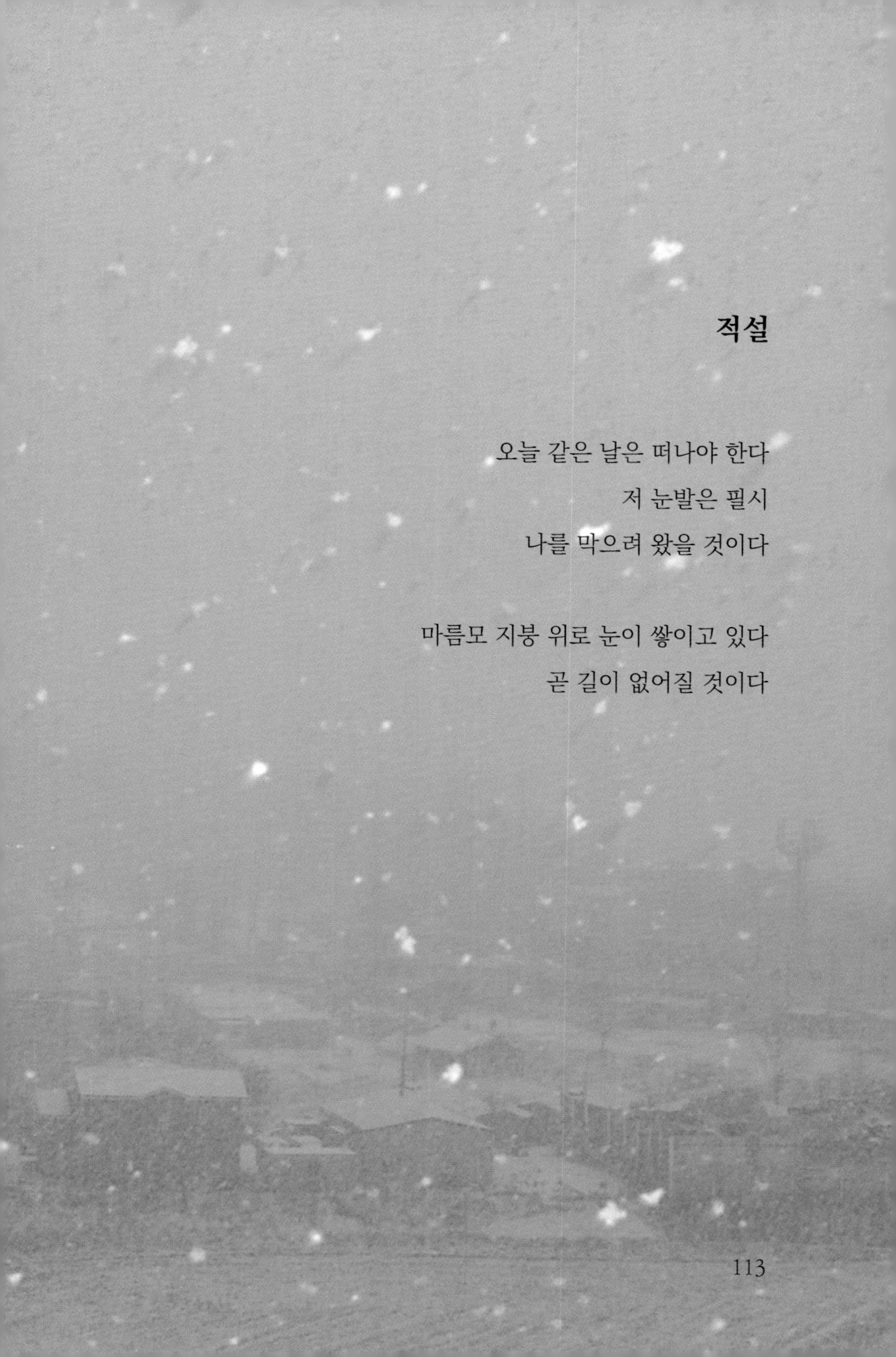

적설

오늘 같은 날은 떠나야 한다
저 눈발은 필시
나를 막으려 왔을 것이다

마름모 지붕 위로 눈이 쌓이고 있다
곧 길이 없어질 것이다

3부

웅덩이에 피는 꽃

나무의 꿈

연한 초록색의 작은 잎들은
꽃 지고 나면 생기는 섭섭한 등을
토닥거려 주는 손길 같은 것

누군가를 보내는 아픈 마음을
걱정해 주는 위로 같은 것

세상의 모든 이들을 덮어 주는
커다란 나무 그늘이 되어
함께할 거라는 약속의 시작

웅덩이에 피는 꽃

내가 살아온 것은 축복이었다

오랫동안 수많은 생을 살며
꽃이기도 하였고 꽃받침이기도 하였으며
의자이기도 하였고 책상이기도 하였으며

세계에서, 거듭하는 윤회 속에서
죽음이란 내게 필요 없는 단어이었으므로
일생이 하나의 점뿐이라는 것을
그 점이 백 년이든 천 년이든 생각할 필요가 없으므로
나의 용광로에서 그 점을 계속 이어 나갈 것이므로

다만, 한생을 마감하며
호스피스 병동에서 맞는 아침보다
오션뷰 스위트룸에서의 늦은 저녁이 더 향기로웠으므로

강가의 웅덩이, 거기에서 만난 수많은 다른 생들도
그 또한 나의 생이 될 수 있으므로

늘봄가든

지난봄 벚꽃이 떠난 빈집에
단풍이 완연하다
늘 봄이기를 바랐던 주인장의 바람도
여름을 지나며 빛이 바랬다

머물고 싶은 곳에 머물 수 있다면
엉킨 시간을 되돌려
너를 보러 가고 싶다

간절하면 만나겠지

마당에 들어서니
가을은 온데간데없고
꽃들이 온 집에 가득하다

출근길

어두운 지하를 빠져나와
마당에 들어서니
주변이 환하다

목련꽃, 홍매화
마주쳐 오는 눈길
피할 수 없다

성급하게 봄을 맞은 꽃잎 하나
어깨를 툭 친다

비상구에서 쉬다

오후 4시를 톱밥이라고 부르던 시인이 있었어요
생각해 보니 활활 타오르던 톱밥에 마음을 뺏긴 적이 있어요
저격수의 총탄처럼 그냥 훅 다가오는 거죠

아무것도 할 수 없을 때는 아무거나 할 수 있어요
무엇을 써야 하면 아무것도 할 수 없을 때를 기다려요

눈가에 주름진 웃음이 가랑비처럼 내리고
엄마의 밥상 같은 강물이 밤처럼 흘러요

무엇을 할까 망설이고 있을 때
당신이 내민 손이 참 따뜻했어요

불 꺼진 계단 옆, 캄캄한 어둠이라도

그해 여름

열어진 공기의 두께와
햇살이 빼앗아 간 습도가
여름이 다 가고 있다는 것을 알려 주듯
길옆으로 늘어서 있는
전나무의 잎들이 뾰족해지고
방향제에서 나오는 라일락 향기처럼
푸른빛은 옅어져 간다

아직 한낮의 태양은 뜨겁기만 한데
시간을 사용하는 방법을 잊은 건지
하늘의 높이만큼 책들은 쌓여만 가고
수집된 문장들은 희미해져 간다

어떤 날은 하루 종일 비가 왔고
어떤 날은 하루 종일 너를 생각했다

어디쯤

아직 거기 있었구나
누구의 땅도 아닌 곳이라서
내가 온 것도
당신이 온 것도 아닌 곳에

조금만 더 있으면 달의 박명
좋은 날은 끝까지 오지 않겠구나
시장바구니에서 굴러 나온 푸른 감자처럼
너의 시간들이 쏟아졌구나

쫓아가려 해 보지만
저 멀리 빨간 정지선이 보이고
그 너머는 알 수 없는 터널 속
뒤를 돌아보니 더 아득한 청춘

이쯤에서 비상등을 켜야겠다

카톡 왔쇼

너 울고 있다
손가락이 닿으면 그칠 줄 모르고
왜 그래 무슨 일 있어?
(무슨 관심이 문자야)

전화를 한다
뚜 뚜 뚜 뚜
여보세요?
(여보가 아닌데 여보세요)

세상에서 가장 위로하는 말
괜찮아?
그게 무슨 위로라고
(괜찮지 않은데 괜찮아)

밥은?
그래도 힘을 내
억지로라도 먹어야지
(밥 먹을 기분이 아닌데)

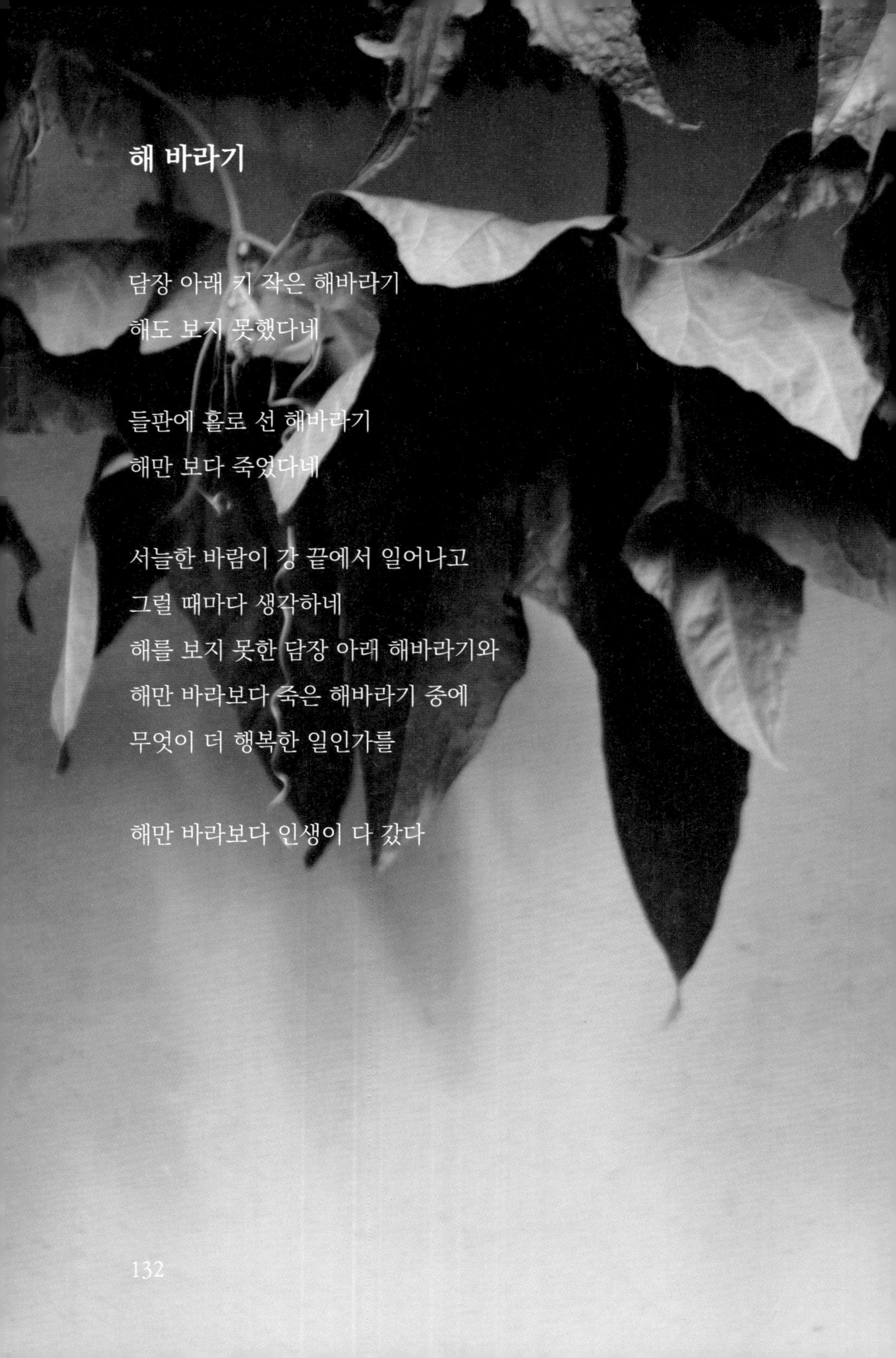

해 바라기

담장 아래 키 작은 해바라기
해도 보지 못했다네

들판에 홀로 선 해바라기
해만 보다 죽었다네

서늘한 바람이 강 끝에서 일어나고
그럴 때마다 생각하네
해를 보지 못한 담장 아래 해바라기와
해만 바라보다 죽은 해바라기 중에
무엇이 더 행복한 일인가를

해만 바라보다 인생이 다 갔다

나무 피리

곡조 없는 긴 소리가
손가락을 타고
머리를 울렸다
가슴을 울렸다
숨이 턱턱 막히는 아픔이다
마디와 마디 헤어진 이별이다
구멍 숭숭 뚫린 상처이다

이제 춤을 출 수 있겠구나
이제 노래할 수 있겠구나

너의 소리를 들을 수 있겠구나

많은 나에게

너의 몸을 좀 쉬게 해
조용히 숨을 들여 마셔
공기가 허파꽈리를 지나는 소리
깊은 숲에 부는 솔바람이
나뭇잎을 스치는 기분을 느껴 봐

이제 너의 눈을 감아
희뿌연 여명처럼 어슴푸레한 빛
그 너머에 있는 이야기
고요의 바다에 헤엄치는
나이 많은 흰 수염고래가 되어 봐

세상은 아주 오래전부터 있었고
또 아주 오래까지 있을 거야
그리고 하루는 그치지 않을 거야

아침 강가에서

아침에 보는 강은
기다리는 강이다

보이지 않는 바람에
강은 흔들리고

햇살이 비춰 와
무수한 별처럼
강이 반짝거린다

표면에라도 닿고 싶다
거기서 잠깐이라도
머물고 싶다

윤슬

나는 선택을 한 적이 없었다

너를 사랑하고
또 다른 너를 사랑하였지만
모든 사랑은 순서가 정해진 사랑이었다

생에 모든 것은 표절이었다
너를 닮으려 했고
또 다른 너를 웅얼거리며 따라다녔다

그런 이유로
나는 한 번도 나인 적이 없었다
나는 한 번도 타인이 아닌 적이 없었다

그래서 수많은 너를 향한 나의 마음은 애매하고 애매했다
의미들은 작은 파도에도 쓸려 나갔고
사랑은 소리 없이 부는 바람에도 흔들렸다

물의 표면만을 반짝거리는
잠시 반짝이다가 가는 생이었다

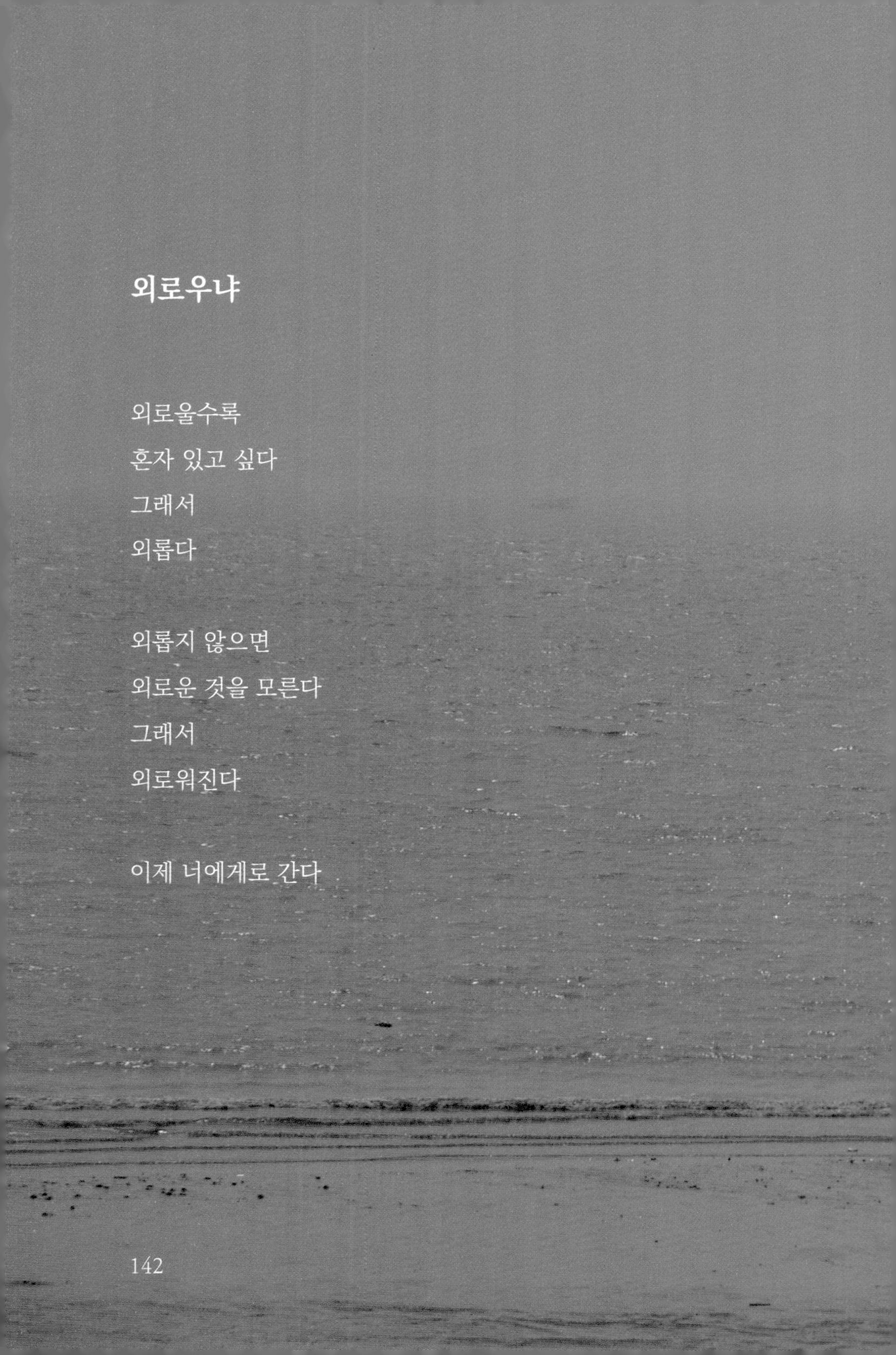

외로우냐

외로울수록
혼자 있고 싶다
그래서
외롭다

외롭지 않으면
외로운 것을 모른다
그래서
외로워진다

이제 너에게로 간다

습지의 기억

가을이 두드리는 가슴은 스펀지처럼 푸석푸석해
습지는 너와 사람들이 나누었던 눈빛보다 무심해
너는 거짓말할 때마다 눈을 깜빡이는 버릇이 있어
진실을 감추기에는 둔한 습관을 가지고 있는 셈이지

침묵 속에서 나는 너를 더 또렷하게 들을 수 있어
툭 건드리면 바닷물처럼 짠 소금기가 배어나올 것 같았지
젖은 내 발등이 익지 못한 꿈처럼 시퍼렇게 멍들었어
날지 못하는 새도 숲의 씨앗을 품고 산다는 이야기를 들었어

나는 너를 잃어버리는 꿈을 꿔, 그 습지의 늪에서

비상

갑자기 사이렌이 울리면
노란 잠바를 입고 몰려가는 非常口

나는 그곳이 飛上口인 줄 알았는데
누군가 내 등을 밀치면 움찔한다
날개가 없다는 걸 안 순간
하늘은 더 높아 보이고
이륙 준비는 아직 안 된 거지

그래도 사이렌이 울리면
나는 非常口가 아닌 飛上口로 간다

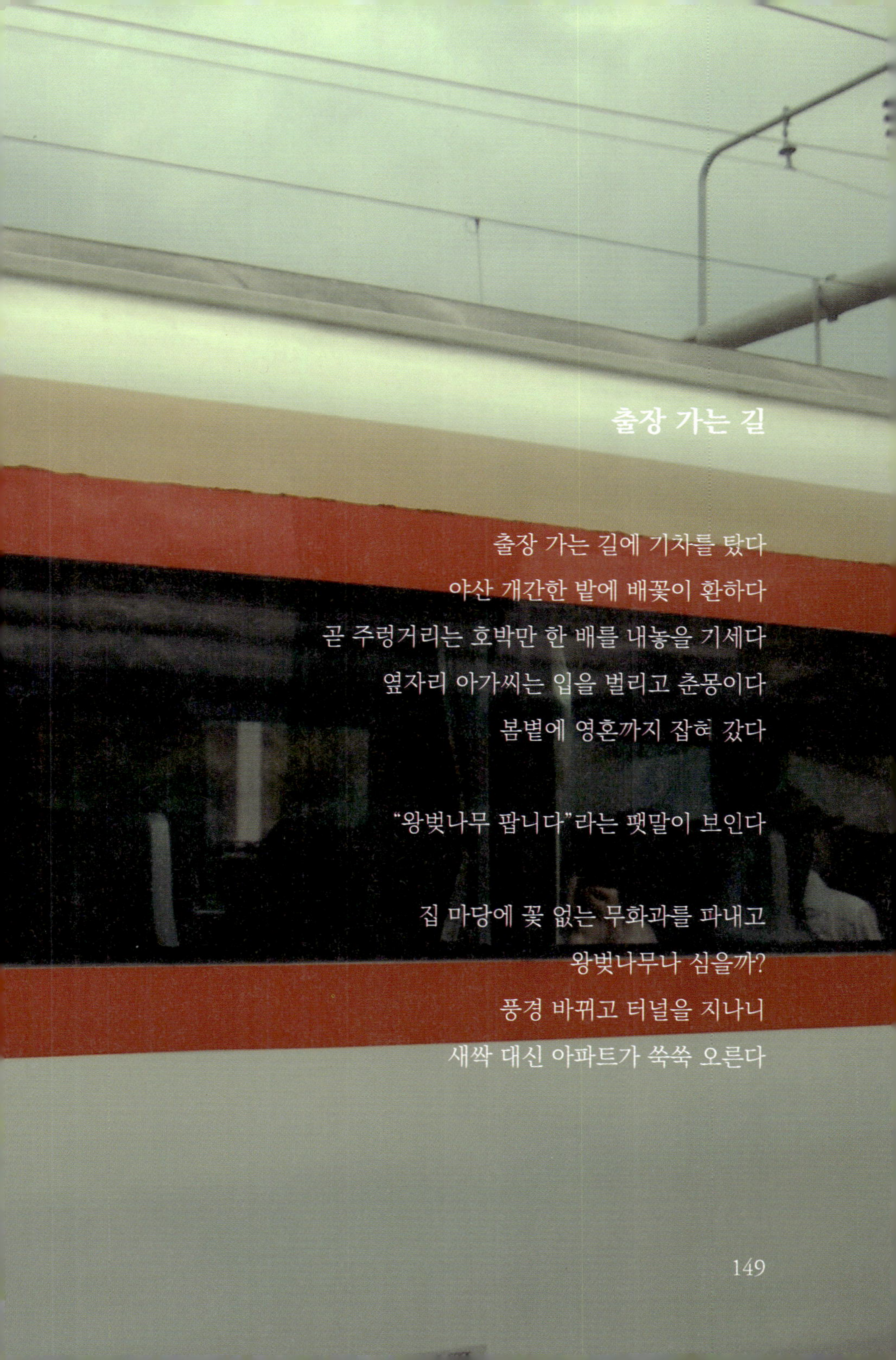

출장 가는 길

출장 가는 길에 기차를 탔다
야산 개간한 밭에 배꽃이 환하다
곧 주렁거리는 호박만 한 배를 내놓을 기세다
옆자리 아가씨는 입을 벌리고 춘몽이다
봄볕에 영혼까지 잡혀 갔다

"왕벚나무 팝니다"라는 팻말이 보인다

집 마당에 꽃 없는 무화과를 파내고
왕벚나무나 심을까?
풍경 바뀌고 터널을 지나니
새싹 대신 아파트가 쑥쑥 오른다

그라피티

이상한 마을이었다
사랑을 하려면
할리데이비슨을 타고 와야 한다고 말했다

내가 갔을 때 거기에는
자전거와
티코와
검은 세단 한 대와
할리데이비슨이 아닌 오토바이 한 대가 있었다

문은 한 번도 열린 적이 없는 양복처럼
걸려 있었다

혜존

"형 보고 싶습니다"
어떤 시인이 어떤 시인에게 시집을 보내며 적어 놓은 글
세상에는 처음 태어나는 것들이 있다
먼저 태어나는 것도 있다
먼저 태어난 이에게 새로 태어난 이들이 인사한다
줄 쳐진 문장도 없이 보내는 시집에서
새로 태어난 문장들은 어떻게 읽힐까?
"惠存"이라 쓰지 않고 "형"이라고 썼으니
둘은 좀 더 막역할 터

시집을 내고 책을 주고 싶은 사람보다
억수로 보고 싶은 사람이 있으면 좋겠다

초승달

넓은 바다 한가운데
반쯤 잠긴
혹은 반만 남아 있는

움직이는 듯
멈춘 듯

하얀 은색 목걸이
당신께 걸어 주고 싶다

건축학개론

내가 당신을 위해 집을 지으면

동쪽으로 난 창을 내주겠소
단풍나무 한 그루와
사철나무 한 그루를 심겠소

2층에는 창이 있는 다락방을 만들어
떠오르는 해를 바라볼 거요

두 팔 벌리고 바람을 맞을 수 있도록
거실에는 남북으로 큰 창을 내겠소

하얀 대문도 만들고
빨간 우체통도 달아 놓을 테요

당신의 소식을 들을 수 있도록

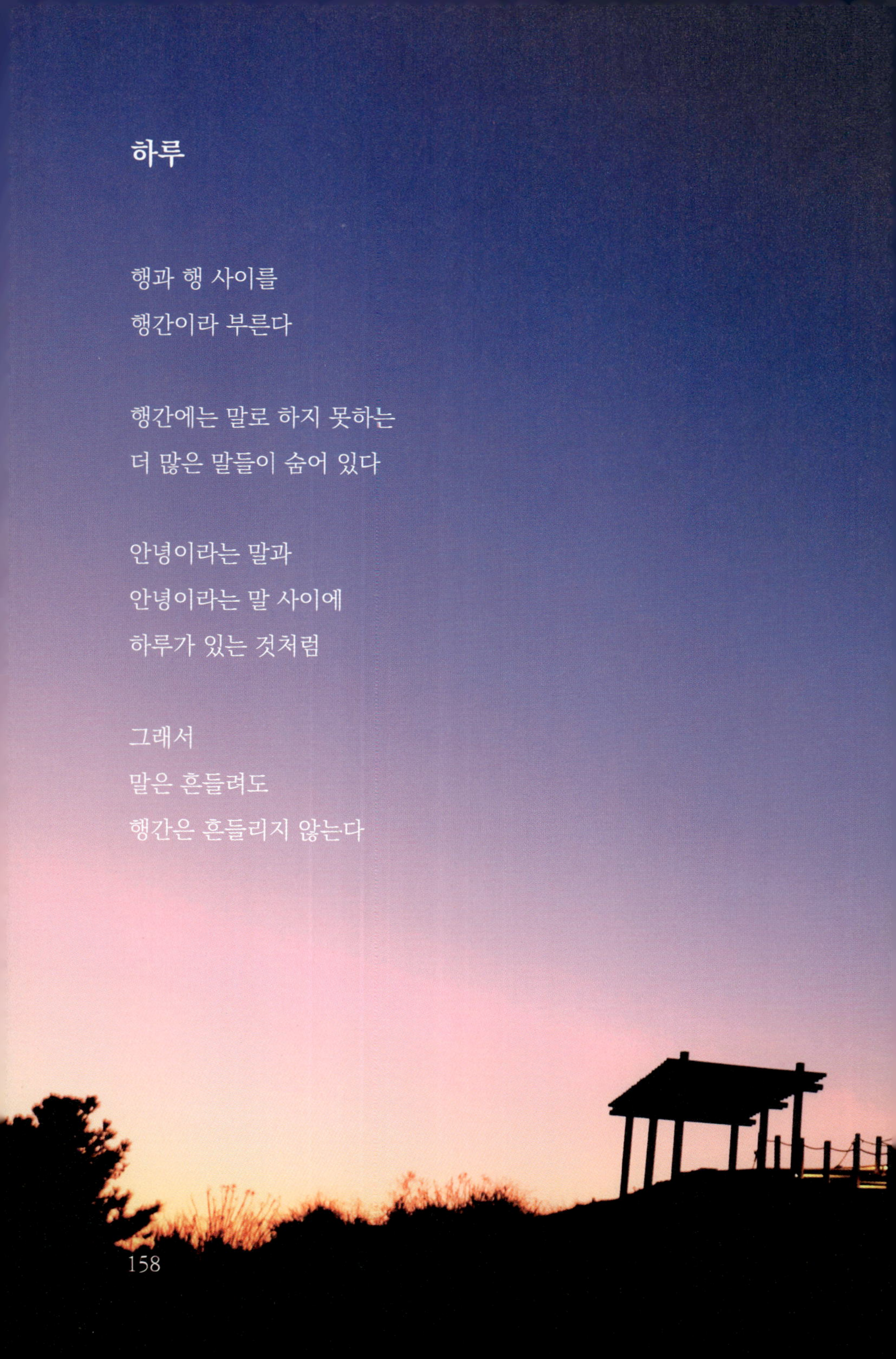

하루

행과 행 사이를
행간이라 부른다

행간에는 말로 하지 못하는
더 많은 말들이 숨어 있다

안녕이라는 말과
안녕이라는 말 사이에
하루가 있는 것처럼

그래서
말은 흔들려도
행간은 흔들리지 않는다

가까이 있어도

창밖으로 비가 내린다
방문 고리 살포시 당기면
깜짝 놀라 돌아볼 듯

봄이 되면 같은 자리에
꽃 피우는 패랭이처럼
비 떨어지는 소리 들리면
어김없이 너를 생각한다

가까이 있어도 그리울 사람아

저녁 습지

사위가 어둑해지기 전,
남은 노을빛 달아나듯
산등성이를 넘고

구름은 듬성듬성
하늘에 그림자를 띄우고
그 사이로 초저녁달 맥없다

빛은 어둡고,
어둠은 어설프게
그렇게 섞여 있다

달빛 둥글게 차오르고
반쯤 감긴 눈꺼풀 같은 강에는
청둥오리 한 마리, 멱을 감고 있다

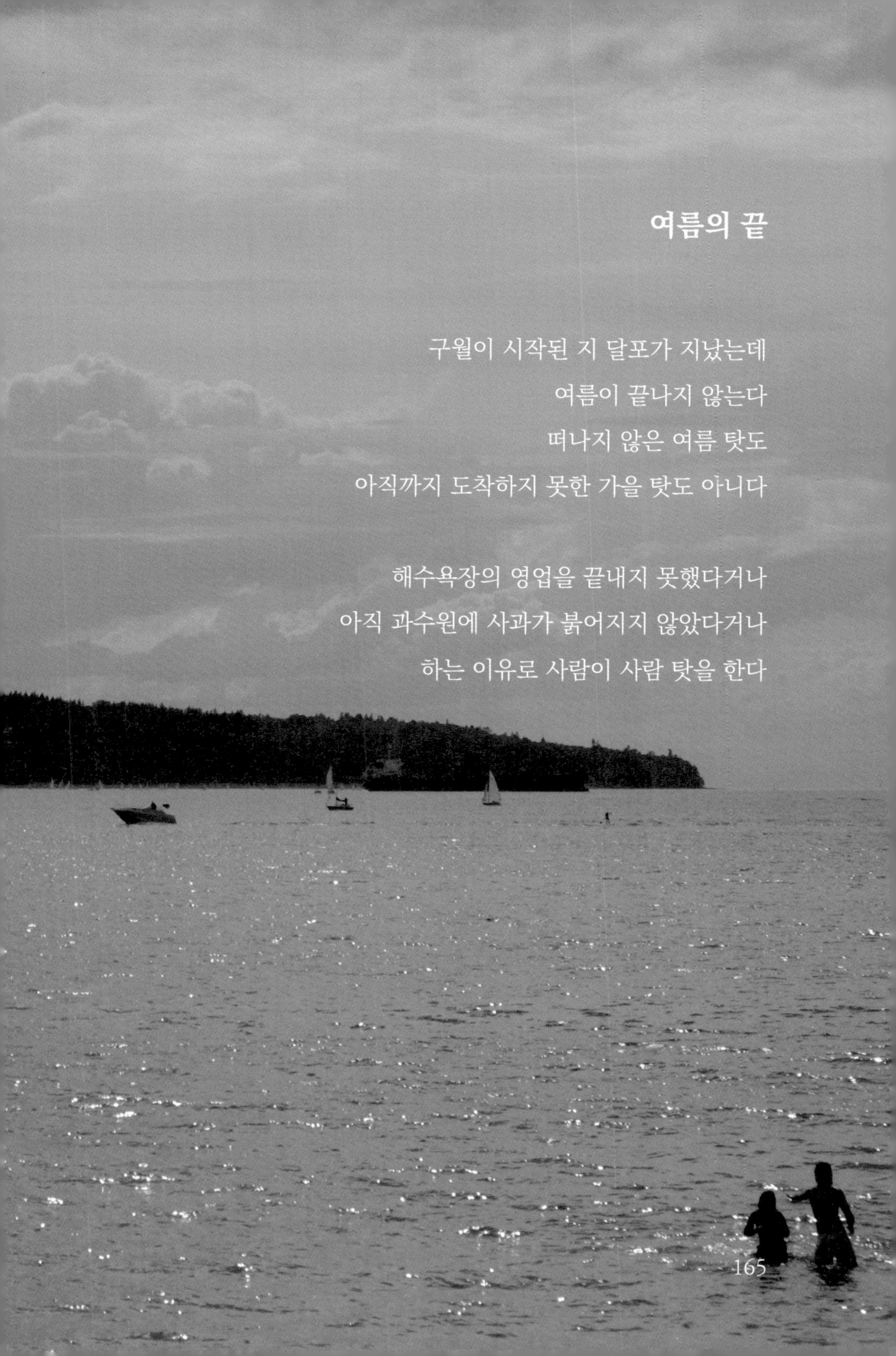

여름의 끝

구월이 시작된 지 달포가 지났는데
여름이 끝나지 않는다
떠나지 않은 여름 탓도
아직까지 도착하지 못한 가을 탓도 아니다

해수욕장의 영업을 끝내지 못했다거나
아직 과수원에 사과가 붉어지지 않았다거나
하는 이유로 사람이 사람 탓을 한다

개미지옥

개미만 빠지는 줄 알았는데
나도 빠져 버렸네요

버둥거리면 버둥거릴수록
깊이 빠지는 개미지옥

당신이 나에게 보낸
그 조용한 웃음
쳐다보지 말아야 했는데

4부

응시

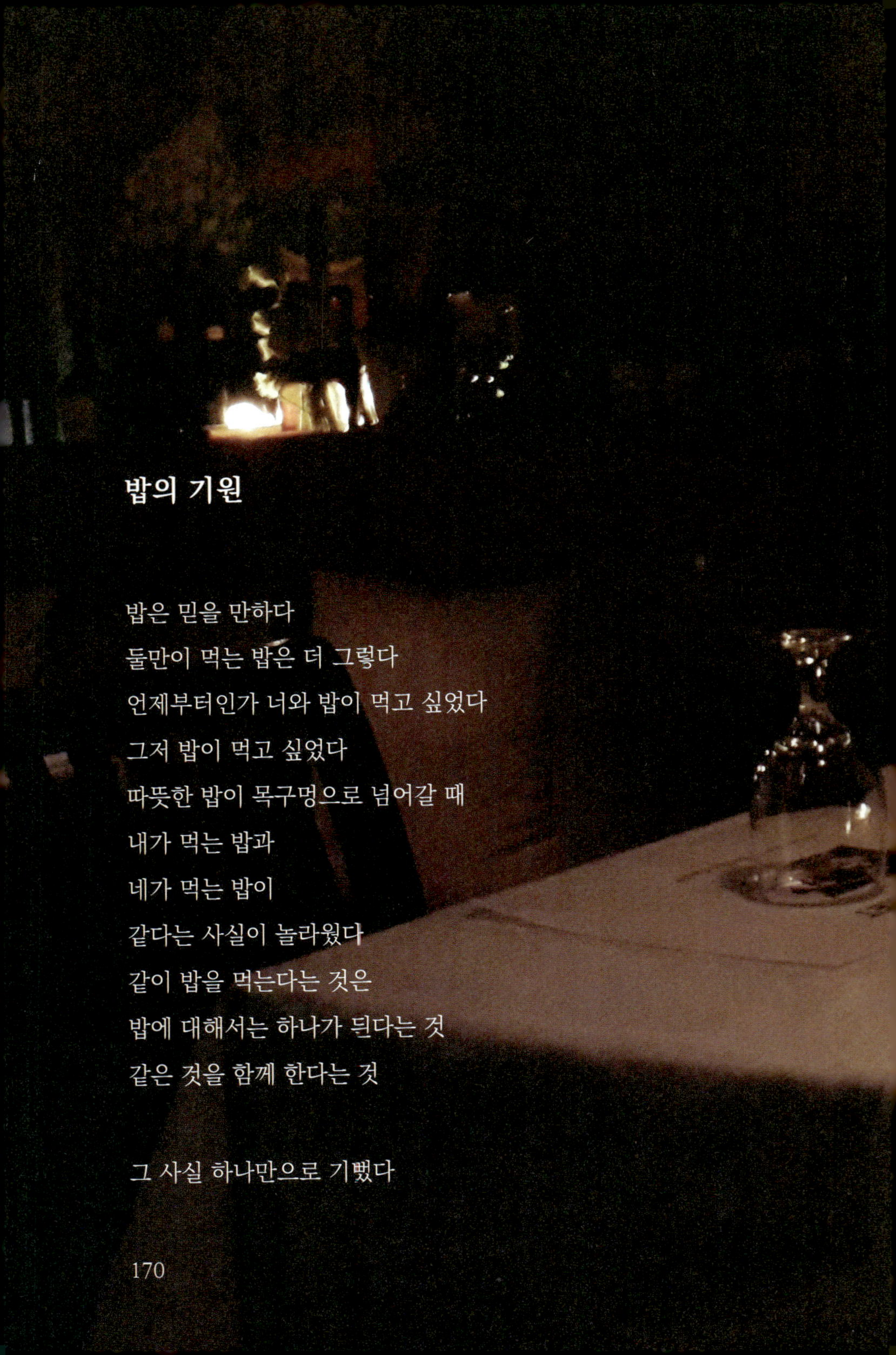

밥의 기원

밥은 믿을 만하다
둘만이 먹는 밥은 더 그렇다
언제부터인가 너와 밥이 먹고 싶었다
그저 밥이 먹고 싶었다
따뜻한 밥이 목구멍으로 넘어갈 때
내가 먹는 밥과
네가 먹는 밥이
같다는 사실이 놀라웠다
같이 밥을 먹는다는 것은
밥에 대해서는 하나가 된다는 것
같은 것을 함께 한다는 것

그 사실 하나만으로 기뻤다

바람꽃

길거리에서 바람을 만났다
바람의 몸에서
묘지의 냄새가 났다

남자는 여자에게 바람꽃이라는 이름을 붙여 주었다
하얀 우산 모양의 꽃이 바람을 닮았다고 했다

바람이 가지 못하는 곳은 없다며
남자는 바람에게 매일 여자의 안부를 물었다
바람은 여자의 냄새를 가지고 남자에게로 갔다
남자는 길거리의 냄새 대신 여자의 냄새를 맡았다
남자는 바람을 화분에 심었다

얼마 후 바람을 키우던 남자가 죽었다
바람꽃이라 불리던 여자도 죽었다
남자는 인생이 수수께끼 같다고 했다
여자는 인생이 무엇인지 모르겠다고 했다

함께 바라보던 언덕에 바람꽃 한 송이 피었다

우유니 사막에서

땅이 하늘이고
하늘이 땅이었다

자전거가 물구나무를 서서
길 없는 길을 달리고 있다

하늘에 별이 차오르자
땅에서 별이 솟아오른다

빛의 속도보다 빠르게
별을 낚아채서 액자에 담았다

나는 그곳이 되고 싶었다

응시

낮달이 환하게 뜬 아침 햇살에
너를 둘러싼 해무리가 환하다
사랑을 향한 나의 응시에
낮달은 바다를 끌어와
하루에도 수천 번씩 일렁이고
철썩이는 파도에 늘 남는 것은
생겼다가 사라지는 물거품일 뿐
응시에 가득한 빛은
은하수의 한 별이 되어
수만의 불가사리가 되는
그 생을 나는 살고 있는 것이다

나의 생에 너를 향한 모든 외면은
사실은 너를 향한 것이었다
내 생의 모든 눈길들이 모여서
단 하나의 응시를 보내고 있는 것이다

우선 멈춤

멈춰 서 있다
저 결계

너와 나 사이의
좁
힐
수
없
는
거리

넘어서면 안 될까?

30
동시신호

오늘은

어둠이 가득 담긴 하늘이다
하늘의 빛은 어둠에 담겨 있다
빛을 놓치고
어둠에 묶여 있는 날이다
이런 날을 잘 보내는 방법은
하늘을 외면하는 것이다
일찍 집으로 돌아가
오후 다섯 시가 되기 전에
이불을 푹 둘러쓰고
내일 아침까지
눈을 감고 있는 것이다
어둠이 지쳐서
다시 하늘에 빛을 내어놓을 때까지
함께 긴 밤을 보내는 것이다

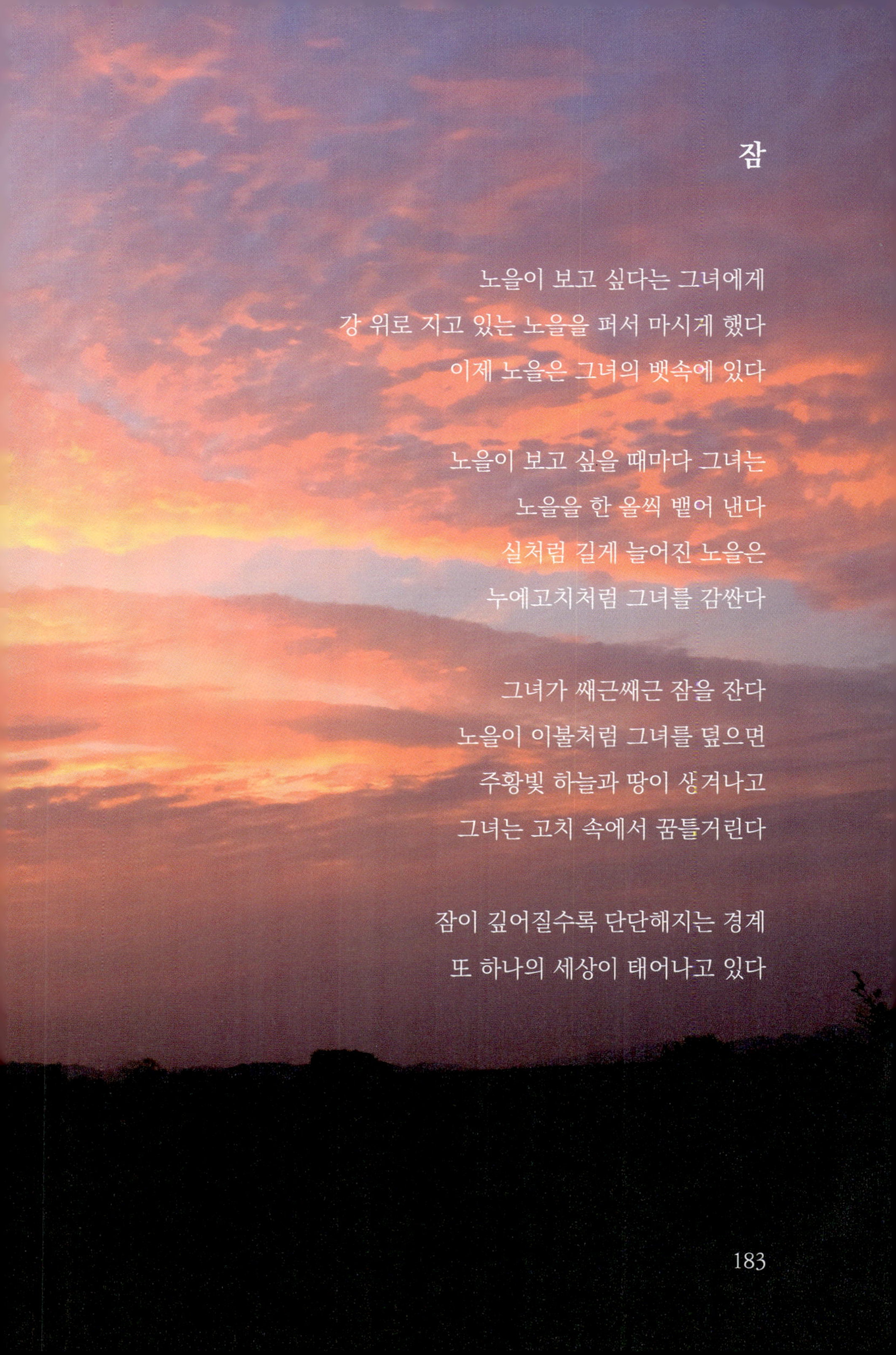

잠

노을이 보고 싶다는 그녀에게
강 위로 지고 있는 노을을 퍼서 마시게 했다
이제 노을은 그녀의 뱃속에 있다

노을이 보고 싶을 때마다 그녀는
노을을 한 올씩 뱉어 낸다
실처럼 길게 늘어진 노을은
누에고치처럼 그녀를 감싼다

그녀가 쌔근쌔근 잠을 잔다
노을이 이불처럼 그녀를 덮으면
주황빛 하늘과 땅이 생겨나고
그녀는 고치 속에서 꿈틀거린다

잠이 깊어질수록 단단해지는 경계
또 하나의 세상이 태어나고 있다

울음을 참는 방법

지하철 객차의 진동에
비에 젖은 청바지의 바짓단이 부르르 떨렸다
우산에서 떨어진 빗물이 아메바처럼 흐물거렸다
하얀 드레스 아래는 맨발이었다

맨발은 검고 묵묵하게 몸을 지탱하고 있었다
멈추는 정거장마다 울음들이 내리고
어깨에 달린 무거운 가방들이 올라탔다

먼저 슬퍼하지 않겠다고 다짐했다
아파도 울음을 참는 사람이 이기는 거라고 배웠다
내려야 할 정거장을 지나 캄캄한 풍경들이 스쳐 갔다

고해

오두막에 찾아오는 저녁은
고요입니다

풀벌레 소리
개구리 울어 대는 소리는
누군가 들어 주어야만 할 것 같은 고해

곱게 잘라 놓은
빨간 수박 덩이들 사이로 보이는
까만 씨앗들은
고르고 골라 다시 세상에 내어놓아야 할
나의 깊은 속내

미처 뱉어 버리지 못하고
목구멍으로 삼켜지는 씨앗은
당신을 향한 그리움입니다

남자와 고니

액자 속 호숫가 집에서
고니 한 마리가 걸어 나왔다
남자가 그 뒤를 따라 나왔다

고니는 뒤뚱거리며
남자는 우스꽝스럽게
고니와 남자가 길을 걸었다
사람들은 가던 길을 멈추고
여자애들은 깔깔거렸다

고니가 갑자기 호수로 날아갔다
물에서 고니는 허우적거렸다
이번에는 남자가 킥킥댔다

겨우 호숫가로 헤엄쳐 나온 고니는
남자의 품으로 날아들었다
해가 지고 있었다
액자가 점점 캄캄해졌다

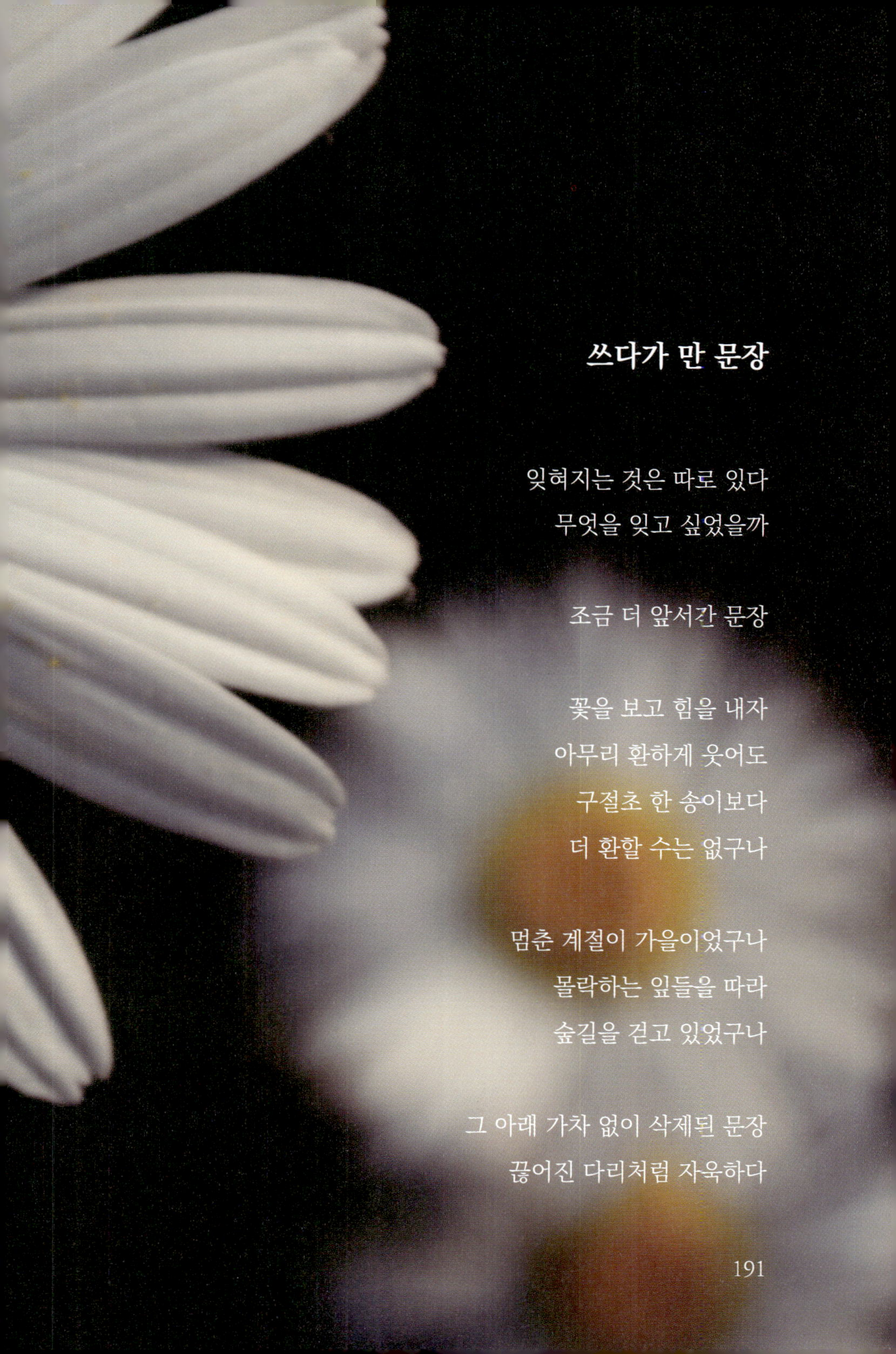

쓰다가 만 문장

잊혀지는 것은 따로 있다
무엇을 잊고 싶었을까

조금 더 앞서간 문장

꽃을 보고 힘을 내자
아무리 환하게 웃어도
구절초 한 송이보다
더 환할 수는 없구나

멈춘 계절이 가을이었구나
몰락하는 잎들을 따라
숲길을 걷고 있었구나

그 아래 가차 없이 삭제된 문장
끊어진 다리처럼 자욱하다

나무젓가락

헤어질 결심 따위는 없이
둘의 이별은 운명이었다

살이 맞닿아 썩어 가는 사과보다
조금의 거리를 두고
바라보는 것

한두 치
건너 있다가
이따금 몸을 부딪치는 것이
둘의 일이었다

시월의 오후 다섯 시

갈대밭 사이에 걸음을 멈추고
숨을 죽인다

새소리,
풀잎을 겨우 흔들리게 할 정도의 바람에
서걱대는 갈대 잎사귀의 마찰음

지금 갈대숲을 벗어나지 못하는 이유는
하늘에 넓게 펼쳐진 열은 구름이
곧 주홍빛으로 바뀔 것 같은 기대 때문이다

해가 강 건너 서산에 가까워질수록
사방은 점점 파스텔 빛으로 번져 가고
하나둘 형상들의 윤곽을 잃어 가고
구분되는 것이 오직
하늘과 땅, 그리고 강으로만 남았을 때

푸드득
마른 갈대숲을 헤치고 날아오른 새 소리에
퍼뜩 정신을 차린다

낯설다

그날의 공기는 따뜻했다
햇살은 버드나무를 포근히 감싸고 있었고
땅은 따스한 기운에 가쁜 숨을 내쉬고 있었다
아이들은 이곳저곳에서 무리 지어 뛰놀고
어떤 아이들은 청둥오리를 유심히 바라보고 있다

하얀 섬광이 머리를 스치더니
모든 것들이 낯설어졌다

오십견

어깨가 아파서 병원엘 갔다
의사가 하는 말이
오십견이네요
어깨가 딱딱해져서 그래요
여기 하얗게 석회가 보이죠
뒷짐도 자주 지고
팔도 이리저리 자주 돌려주세요

마음은 자꾸 풀리는데
몸은 점점 굳어 간다니

중독

검은 표면이 아름답게 보였다
진주같이 반짝였다
세상의 모든 빛을 감출 수 있는 듯
어둠으로 가득했다

처음

하얀 구절초 한 송이
밤새워 꽃을 피웠습니다
나뭇잎은 어제 저녁노을에
붉게 물들었습니다

맑은 햇살이 창가로
까치발을 하고 내려섭니다

신기한 듯
창밖을 바라보는 아이
가을이 처음인 모양입니다

퇴근길

십일월의 낙엽들이 옷깃을 스쳐 가듯
좁은 시장통을 발꿈치를 따라 걷는다

소금으로 염장한 고등어 두 마리가
한 손이 되어 누워 있는 곳을 지나며
말라비틀어진 하늘을 올려다보았다
달랑거리는 육십 촉 백열등이 눈이 부셨다

여름 장마에 뚫린 천막 사이로
달의 꼭짓점이 사라질 때 즈음
어둠의 두께가 골목을 덮어
세상이 하나도 눈에 보이지 않고 사라져 갈 때

가로등에 불들이 하나씩 들어오고
망월간 하늘에 고요하다

이명

겨울이 한창인데 매미가 웁니다
아직 여름이 멀었는데 매미는 왜 저리 울까요
누군가 매미 우는 소리가 가마솥에 기름이 튀는 소리라던데
나는 왜 자꾸 지구가 돌아가는 소리 같은지
매미 소리가 귀를 먹먹하게 하네요
매미는 자기 목청이 시끄러워 고막을 막고 운다는데
길을 가다가 잣나무 가지 끝에 매달린 거미를 보았어요
겨울을 넘기지 못하고 자기가
만든 거미줄에 대롱대롱 매달려 얼어붙어 있네요
아! 자기 집에서 죽음을 맞았어요
그러나 어쩌지요
매미는 한평생 집이 없이 산다는데
집 없는 설움 때문에 저리 울까요

올여름에는 거미에게 매미 집 한 채 부탁해 볼까요

간이역의 화가

붉은 깃발 휘휘 저어
막차가 떠난 간이역
노란 나트륨등은
지워지지 않은 선로를 더듬고

구공탄 하얗게 속살 보이고
대합실 주전자 푹푹 거린다

함박눈에 풍경들 하나둘 지워지고
타닥타닥 손짓에 하나둘 채워지고

벽들은 눈물의 색깔

벽이 색깔을 가지고 있다는 사실을 잊을 뻔했습니다
빨간 벽돌로 쌓인 담만 생각하고 빨갛게 보일 거라고 생각했는데
벽이 하얗게 보입니다
하얀 벽은 허풍입니다
하얀 벽 안에는 빨간 벽돌들이 숨어 있습니다
벽을 따라 걸어 본 기억이 있습니다
처음에는 길밖에 보이지 않았는데 걷다 보니 벽이 보였습니다
벽은 눈물을 흘리고 있었습니다
빨간색 벽돌을 감싸안고,
때로는 구멍이 숭숭 뚫린 잿빛 블록을 품고 울고 있었습니다

오래된 벽들에는 담쟁이가 자랍니다
벽이 흘린 눈물을 먹고 담쟁이가 커 가기 때문이지요
우는 이유에 대해서는 많은 생각을 해 보지는 않았습니다
아마도 사람들 사이의 경계를 지우고
이쪽저쪽을 갈라놓아야 하는
안쪽과 바깥쪽이라는 다름을 견뎌야 하는 벽이기에
눈물이 많을 수밖에 없다는 생각이 들긴 했습니다
그 다름의 편견으로 담은 더 높아지고 견고해져서
담은 결코 넘어설 수 없는 벽이 되어 버리니까요
사실 눈물은 진실이 아니라 위장인지도 모릅니다

앞으로 벽들 옆을 지나다닐 때면 조심하세요
벽이 당신을 덮쳐 버릴지도 모릅니다

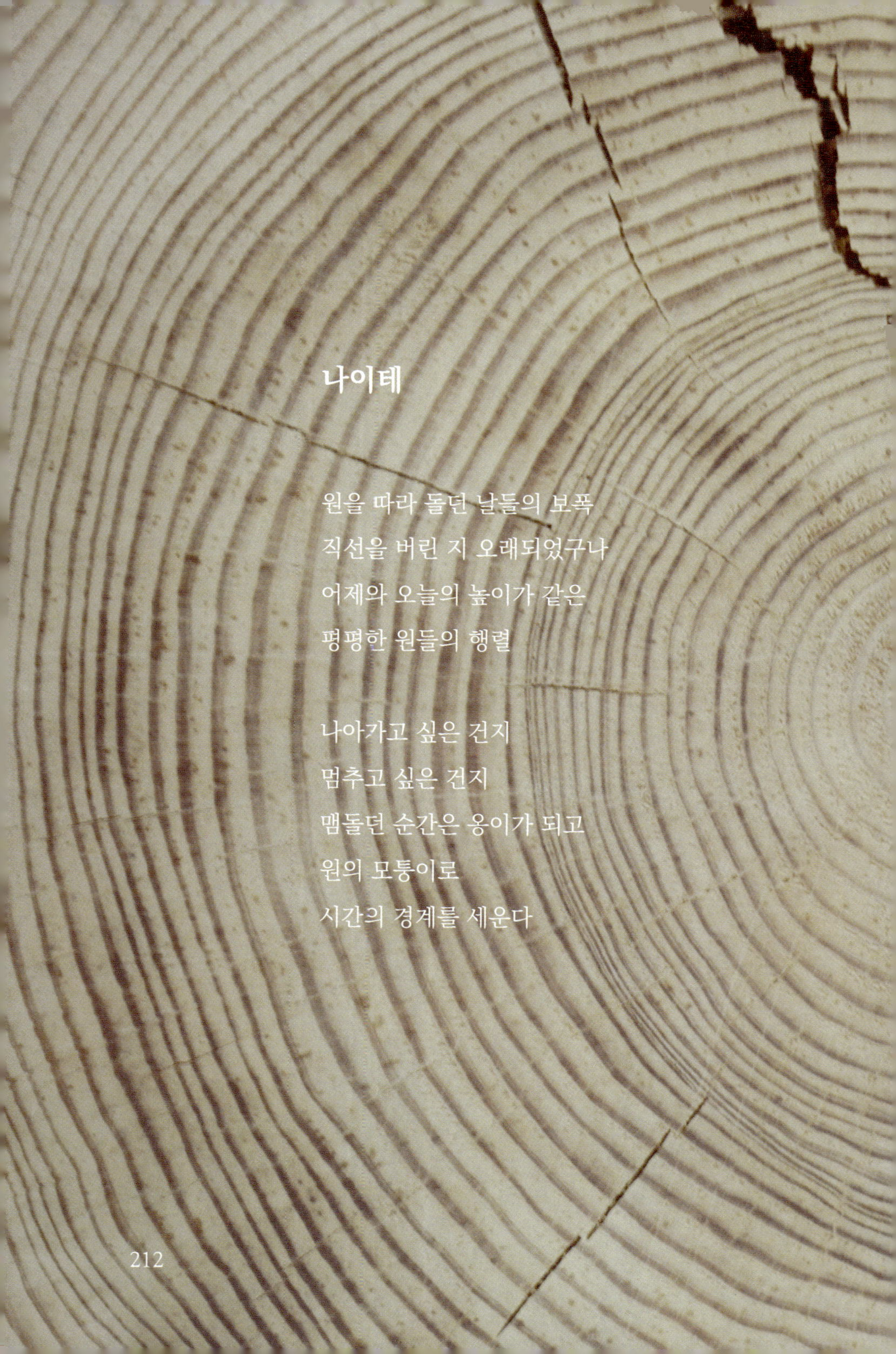

나이테

원을 따라 돌던 날들의 보폭
직선을 버린 지 오래되었구나
어제와 오늘의 높이가 같은
평평한 원들의 행렬

나아가고 싶은 건지
멈추고 싶은 건지
맴돌던 순간은 옹이가 되고
원의 모퉁이로
시간의 경계를 세운다

권태를 읽다

삼 년 전에 통화한 사람과 통화를 하고
삐딱하게 놓인 시집을 삐딱하게 펼치고
읽어 본 적이 있는 시를 읽는다

창밖에 비가 오기를 기다렸다가
우산을 챙겨 오지 않은 것을 후회했다가
그래도 비라도 오면 좋겠다고 생각하다가
홍학 사이로 흰 황새 한 마리 찾아내고
하루 종일 같은 말을 하는 노란 앵무에 박수를 보내고
배부른 악어의 꼬리를 잡는 사육사에 깜짝 놀란다

하나 둘 셋
행의 간격을 맞추다
꾸벅거리며
인생의 역사를 읽는다

어쩔 것인가 일 년 중 하루가 지나간다
그 뒤는 또 어쩔 것인가
남은 권태를 마저 읽는다

아직도 비는 오지 않는다

그

목소리는
비장한 노래를 부르는데
적당했다

바이브레이션은
고요하면서 무거웠다
공간은
소리를 담기 위해
생긴 것처럼
그를 감싸안았다

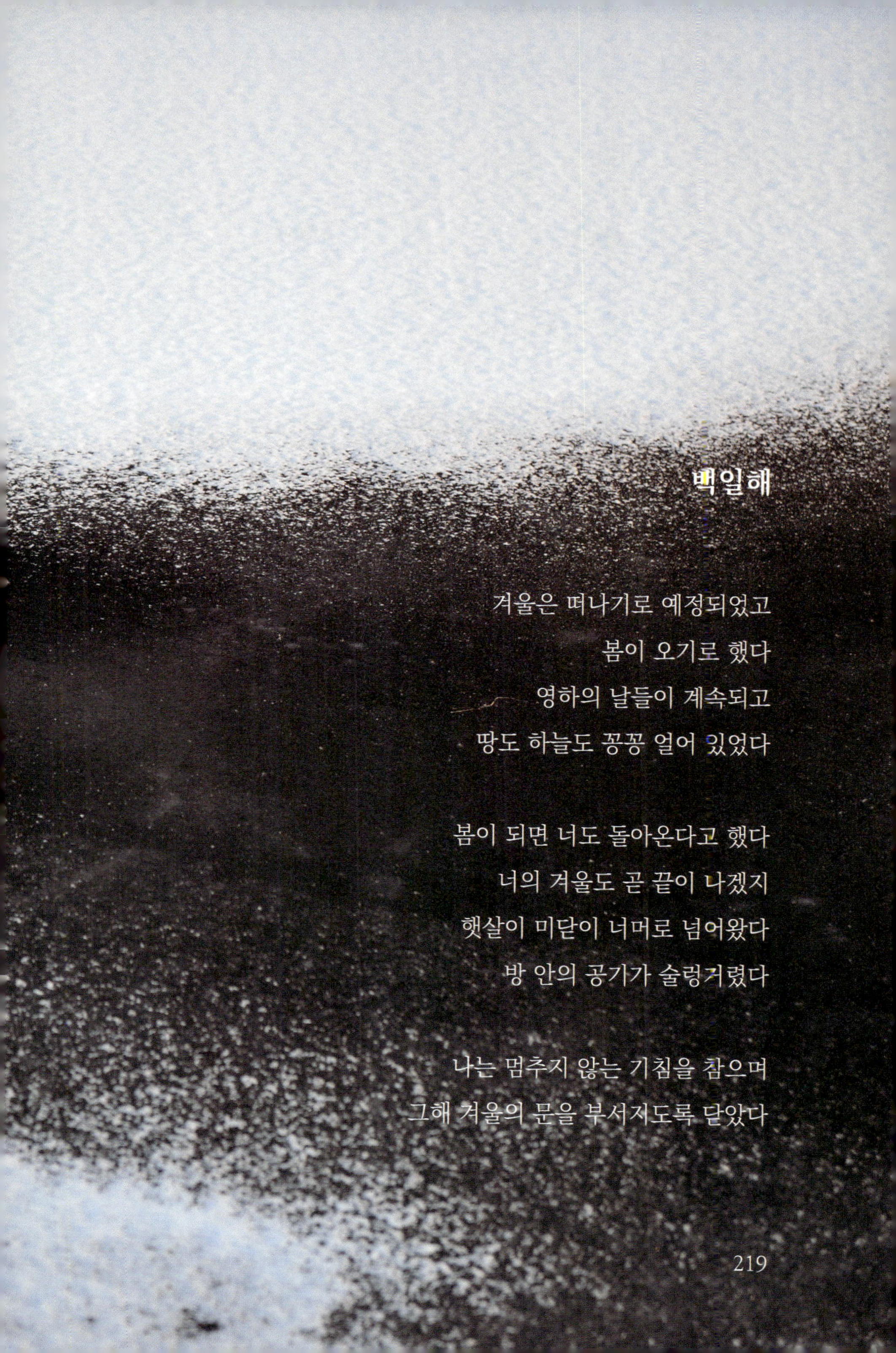

백일해

겨울은 떠나기로 예정되었고
봄이 오기로 했다
영하의 날들이 계속되고
땅도 하늘도 꽁꽁 얼어 있었다

봄이 되면 너도 돌아온다고 했다
너의 겨울도 곧 끝이 나겠지
햇살이 미닫이 너머로 넘어왔다
방 안의 공기가 술렁거렸다

나는 멈추지 않는 기침을 참으며
그해 겨울의 문을 부서지도록 닫았다

아직 거기 있었구나

경계에 선 우리는
서성거린다
그곳과 거기 어디쯤에서

얼마나 오래된 마음이었는지

바람이 불지 않는 언덕에 서서
어둠을 기다리는 별처럼
숨 쉬기 어려운 희망 속에서라도

모든 것이 다시 피어날 때까지
내가 거기 있을게